CÉLINE DION

L'ascension d'une étoile

Françoise Delbecq

CÉLINE DION

L'ascension d'une étoile

JC Lattès

A Liza, Aretha et Barbra,
mes divas.

« Le hasard n'existe pas.
Tout a une cause et une raison d'être. »
O. Elahi.

Avant-propos

Numéro un au hit-parade mondial, Céline Dion est un phénomène du show business. Il suffit d'assister à l'un de ses concerts : son charisme sur scène est évident. Seule sous les projecteurs, elle se montre telle qu'elle est : chaleureuse, généreuse. Son don de soi, loin d'être fabriqué, est là, omniprésent, vrai, authentique. Si le travail sur les albums est le fruit d'une équipe, Céline, face à son public, sait être naturelle. Ses fans ne s'y trompent pas et succombent au charme non seulement de sa voix mais de sa personnalité. Céline fait rêver. Elle symbolise, durant deux heures, l'espoir d'une vie meilleure. Plus qu'un simple divertissement, elle nous transporte dans un univers composé de chansons d'amour. Un monde qu'elle connaît bien, qu'elle affectionne et qu'elle revendique plus que tout : l'amour de la famille, le grand amour avec son mari et *manager*, René Angélil, l'amour du travail bien fait, et l'amour de la vie en général.

Céline est une bonne vivante, curieuse de tout et toujours prête à rire. Sa joie de vivre est extrêmement communicative. Mais elle est aussi une grande professionnelle. Régulièrement, elle s'octroie des cures de silence pendant lesquelles elle ne correspond avec ses interlocuteurs que par écrit. Une telle discipline dénote une volonté de fer, trait dominant de caractère qui force l'admiration de son entourage proche ainsi que de ses fans. Céline se veut exemplaire, elle aime son métier, aime chanter. Une passion qu'elle réussit à communiquer avec émotion. Résultat, elle séduit les jeunes filles comme leurs mamans qui se retrouvent en elle. L'une des plus grandes stars du monde, des plus médiatisées de la planète, elle n'a pourtant pas 30 ans.

En l'espace de quatre ans, depuis qu'elle a commencé à enregistrer des albums en langue anglaise (le dernier en date, *Falling Into You*, s'est vendu à plus de 21 millions d'exemplaires), elle est parvenue à imposer son nom sur tous les continents. Son vrai nom : Dion. Jamais elle n'a songé à en changer. Mieux, elle a réussi à faire connaître son prénom, Céline, marque ultime de l'attachement du public. Quant aux francophones, ils lui savent gré de n'avoir jamais cessé d'enregistrer en français (*Dion chante Plamondon*, *D'Eux*). Le passage à la langue anglaise n'a pas été ressenti comme une « trahison » par les Québécois qui lui restent fidèles. Au fil des ans, elle est devenue « Intouchable », un monstre sacré dont on accepte tout.

Si son répertoire a évolué, son apparence physique aussi. L'adolescente timide, un peu gauche, à la longue chevelure brune, au sourire parfois disgracieux car ses canines étaient trop visibles, s'est métamorphosée en une femme superbe, sûre d'elle-même, bien dans sa peau. Une chrysalide devenue papillon ! Les Québécois, son premier public, ont suivi cette évolution avec attention, tendresse et admiration. Quasiment jour après jour, ils ont vu leur « p'tite » grandir, s'épanouir et partir à la conquête du monde. Ils en sont fiers. Céline est perçue comme la princesse d'un peuple, voire sa reine. Son mariage à grand spectacle en fut la parfaite illustration.

Avec Céline, les Québécois vivent un conte de fée moderne par procuration : la gamine pauvre, douée d'une voix géniale dès la naissance, a rencontré son pygmalion et prince charmant, René Angélil, telle une Cendrillon d'aujourd'hui, elle aussi héroïne au grand cœur. Céline, en dépit des obstacles rencontrés, des tragédies dont elle a été le témoin, fait front et ne s'apitoie pas sur son sort. A la suite du décès de sa nièce Karine, atteinte de mucoviscidose, elle a pris des initiatives, est allée au-devant des autres, en parrainant l'Association Québécoise de la Fibrose Kystique, en organisant des concerts de charité, en se rendant régulièrement au chevet d'enfants malades. Devenue ambassadrice d'une grande cause, elle touche les anonymes par sa noblesse de cœur.

Si Céline aime être entourée de sa famille, elle n'en reste pas moins quelqu'un de souvent seul. Ses myriades de concerts, dans le monde entier, l'obligent à la solitude. Et elle en souffre. Une certaine presse n'hésite pas à la qualifier d'instable, de déséquilibrée, voire d'anorexique : allégations qu'elle a réfutées en affirmant que sa perte de poids était due au surmenage. La vie d'une star est aussi faite d'épreuves.

Après avoir accordé sa confiance à quelqu'un, Céline se montre d'une loyauté à toute épreuve. Son intelligence et sa sensibilité l'aident à bien choisir les membres de son équipe. Savoir se décharger sur d'autres de soucis plus ou moins futiles, savoir déléguer est la force des grands. On dit qu'elle n'a jamais lu un contrat de sa vie et que René s'occupe de tout, jonglant avec deux, trois téléphones, organisant tournées, interviews. Se reposant entièrement sur ceux qui veillent sur elle, Céline est complètement disponible pour se concentrer sur ce pour quoi elle est faite et qu'elle a choisi de faire : chanter.

Céline est un être sain. Elle ne fume pas, ne

boit pas, ne se drogue pas ; elle travaille, est dans l'action. Les Américains, qui l'ont consacrée comme l'une de leurs grandes stars — le Président Clinton l'a invitée à chanter lors de la cérémonie d'investiture en 1993 —, ont tout de suite décelé cette qualité chez elle. Dès qu'elle a su maîtriser la langue anglaise — indispensable pour tout artiste désireux de mener une carrière internationale — le marché du disque américain lui a ouvert ses portes. S'étant entourée de compositeurs, de paroliers et d'arrangeurs de renom (Diane Warren, Walter Afanassiev, David Foster), elle rivalise désormais avec Mariah Carey, Barbra Streisand, Janet Jackson ou Whitney Houston. Comment est-elle arrivée au rang de numéro un mondial ? Est-ce uniquement le fruit de rencontres-clés ? A-t-elle su être au bon moment au bon endroit ? Ou était-elle prédestinée à mener une telle carrière ? Démonter la mécanique, étudier les éléments du puzzle, tenter de cerner la personnalité de Céline, et en faire percevoir la magie, tel est le propos de ce livre.

Il ne s'agit pas là d'une « biographie autorisée », puisque Céline et René ont refusé de me rencontrer. Mon parti pris de liberté a fait qu'à Paris ou au Québec, j'ai quelquefois trouvé porte close. Toujours cette aura de mystère que Céline Dion et René Angélil entretiennent à souhait ! Mais peu importe : une star appartient aussi à ses fans et comme eux, je désirais savoir qui est Céline. Le mutisme de certains était une raison de plus pour joindre enquête et admiration. Je suis donc partie à Montréal, persuadée que ce n'était qu'au Canada que je pourrais enfin humer « l'air Dion ». La saga de cette famille me passionnait, les étapes de l'ascension de la star m'intriguaient, le fait qu'une artiste d'origine francophone réussisse dans le monde entier me fascinait. Ce saut vers l'inconnu, je ne l'ai pas regretté. Bien au contraire. J'ai découvert un peuple accueillant, fier de parler français, drôle, entier et animé d'un esprit pionnier. Tout ce que j'aime. Les langues se sont déliées, j'ai pu rencontrer des proches de Céline, un de ses frères, une de ses sœurs, ses institutrices, le prêtre qui a béni son union avec René, des confrères journalistes, des personnalités aussi, comme le maire de Charlemagne où elle est née et où elle a grandi. Ses fans, enfin.

Montréal, je le sais, j'y reviendrai.

1

A la recherche de Céline

« Tout à coup je me suis retrouvée
Une harpe, des violons jouaient
Des anges au ciel me souriaient
Le vent faisait chanter l 'été
Je marchais d'un pas si léger. »

Ce n'était qu'un rêve
(Thérèse Dion/Céline Dion/Jacques Dion)

« Vous n'auriez-pas une carte de Charlemagne?

— Charlemagne? C'est comme si vous me demandiez une carte du Kremlin-Bicêtre! me répond Pierre Lefèbvre, de la Librairie du Québec à Paris. Qu'allez-vous donc faire là-bas?

— C'est le fief de la famille Dion, n'est-ce pas? »

Il éclate de rire avant de répliquer : « Je suis né à Charlemagne... »

C'était un signe. Il fallait partir.

A la différence de New York et de ses gratte-ciel froids, sans âme, de ses sirènes hurlantes, de ses employés qui courent en Nike pour se rendre à leur travail, j'ai trouvé en Montréal une ville sereine, paisible, où il fait bon vivre. Une métropole aux allures de province avec ses parcs le long du Saint-Laurent où les seules compétitions sont celles des cyclistes et des adeptes des rollers! Dès que l'on échappe aux artères principales, à ces noyaux à touristes que sont Saint-Denis ou Sainte-Catherine, de belles demeures du XVIIIe siècle bordées de jardins vous invitent à une plongée dans l'autrefois, avant la colonisation britannique.

« Je me souviens », lit-on sur les plaques minéralogiques des véhicules, marque indélébile des origines françaises. Les habituels panneaux de signalisation portent « Arrêt » en lieu et place de « Stop ». Un détail, sans doute, mais qui en dit long sur la bataille des Indépendantistes farouchement attachés à la défense de la langue de Molière.

Montréal est en ébullition en cette fin du mois de mai 1997. On prépare le Grand Prix du Canada. La photo de Jacques Villeneuve, le coureur automobile, figure sur toutes les vitrines des grands magasins. Adulé, le champion regonfle le cœur des Québécois. « On a à nouveau le vent en poupe. La semaine prochaine le monde entier braquera ses caméras sur nous. Il faut que tout soit prêt, nous n'avons pas le droit à l'erreur », déclare Claudette Dumas-Berger, l'attachée de presse du Westin Mont-Royal, palace où ont eu lieu les festivités du mariage de Céline Dion et René Angélil, le 17 décembre 1994.

Céline est partout, sa voix inonde les stations de radio. On ne peut faire un pas dans la rue sans entendre l'un de ses tubes. *Pour que tu m'aimes encore* rivalise avec *All By Myself*. Impossible de l'éviter. « C'est notre reine de la chanson » me dit un vendeur de HMV, le Virgin local. Ni une ni deux, je prends ma voiture, bien décidée à effectuer un pèlerinage à Charlemagne, la petite bourgade de six mille cinq cents âmes où Céline a grandi.

Je m'engage sur l'avenue Sherbrooke, direction est. A la sortie de Montréal, à droite, l'imposant stade olympique des Jeux de 1976. Au 5460 Sherbrooke, je tombe sur un Nickels, l'un des restaurants de la chaîne de *fast-food* appartenant à Céline, comme si elle souhaitait me montrer elle-même le chemin de sa maison. Sherbrooke change de nom pour devenir la nationale 138. La Petro Canada Raffinerie de Montréal brandit ses tuyaux et cheminées polluantes vers le ciel. Les centres commerciaux se succèdent. Pointe aux Trembles, Pointe aux Prairies, je me rapproche, traverse le pont de Le Gardeur. Un kilomètre plus loin, je tourne à gauche, prends la 640, direction ouest, traverse à nouveau un petit pont. Des barques de pêcheurs voguent sur la rivière l'Assomption. Charlemagne, me voilà ! En entrant dans la ville, rue des Trésors-de-l'île, j'aperçois en guise de bienvenue La patate de l'Ile et Le bord de l'o, deux bars-restaurants aux allures de guinguettes. On se croirait presque sur les bords de la Marne ! En continuant, j'arrive rue Notre-Dame. Je croise un homme en tee-shirt bleu blanc rouge

Tommy Hilfiger qui vient d'acheter *Le Journal de Montréal*. Trois Harley Davidson dépassent ma Ford Sunfire. Je ralentis. Au numéro 130 de la rue, je reconnais la maison de Céline pour l'avoir vue sur des photos avant de quitter Paris. Recouverte de tôles peintes en gris et en bleu, c'est une maison bien ordinaire transformée en magasin de portes-fenêtres. Il fait beau, pas un nuage dans le ciel. Je frappe à la porte...

2

Les parents d'abord

« Chez moi les forêts se balancent
Et les toits grattent le ciel
Les eaux des torrents sont violence
Et les neiges sont éternelles. »

J'irai où tu iras
(Jean-Jacques Goldman)

30 mars 1968. Une énorme tempête de neige vient de s'abattre sur la région de Lanaudière située à quelques miles au nord-est de Montréal. Décidément, le printemps a du mal à s'imposer. Les jonquilles et narcisses ne sont toujours pas en fleurs. Ne parlons même pas des érables. Adhémar Dion a beau scruter leurs branches, impossible de déceler la moindre feuille d'un vert tendre, signe avant-coureur de la fin d'un hiver long et rigoureux dans cette contrée nord-américaine. En ballet savamment orchestré, les flocons terminent leur chute sur le toit des maisons de la petite ville de Charlemagne ou dans les jardins. En l'espace de dix minutes, une couche épaisse de neige s'est formée. Le vent est tombé. Pas un bruit. L'atmosphère est lourde, étouffante, rue Notre-Dame[1].

---

1. Pour ce qui est de la période couverte dans ce chapitre et les deux suivants, on lira avec intérêt *Une vie à s'aimer* de P. Plante, Éd. 7 Jours, 1995.

Adhémar n'en peut plus de tourner en rond dans sa cuisine. Son épouse, Thérèse, est en salle de travail à l'hôpital de Le Gardeur. Le docteur Émile McDuff, l'ami, le confident de la famille a prévenu Adhémar : Thérèse est jeune, elle n'a que 41 ans mais c'est sa treizième grossesse. Terminés les accouchements à la maison, il préfère prendre toutes ses précautions. A l'hôpital, le docteur dispose des meilleurs appareils de réanimation. En cas de problème, il aura tout sur place. Qu'Adhémar ne s'inquiète pas. A peine avait-il ouvert la porte d'entrée et fait quelques pas devant la maison, la sonnerie du téléphone retentit. Il se précipite à l'intérieur, décroche le combiné et pousse un cri de joie. Céline est née, c'est un beau bébé de 3,9 kg.

A la tête de la famille la plus nombreuse de Charlemagne, Adhémar fait figure de chef de clan. Réputé pour son sérieux, son honnêteté et son souci du travail bien fait, il est respecté par l'ensemble de la communauté. On loue son courage, son sens de l'organisation. Quant à Thérèse, l'amour de sa vie, il s'est juré, le jour de leur mariage, le 18 juin 1945, de ne jamais la décevoir et de vivre une aventure différente des autres, à l'opposé de la vie chaotique de son propre père.

Aîné d'une famille de six enfants (Yrène, Roger, Jeannine, Jean-Claude et Yves), Adhémar est un petit garçon timide. Son père, Charles, une force de la nature, dirige l'été des équipes de bûcherons dans les forêts de Sainte-Anne-des-Monts en Gaspésie. Issus d'une famille de paysans, les Dion n'ont pour survivre qu'un lopin de terre qu'ils cultivent au printemps. Dès le mois de mai, Charles s'en va rejoindre ses complices, paysans comme lui, dans les forêts. L'emploi du temps est chargé. On vit au rythme du soleil. Lever à cinq heures, on se rase en quatrième vitesse avant de se précipiter dans la cabane où est servi le petit déjeuner. Au menu : du lard, des œufs, des crêpes au sirop d'érable, des pommes de terre et un grand bol de café. Un vrai repas ! Les scies électriques n'existent pas encore et l'on abat les sapins baumiers, les bouleaux, les érables, les hêtres ou les carryers, les tilleuls d'Amérique ou les pins de Banks à coups de hache. Dès six heures et quart, le bruit cadencé des lames de métal sur les troncs répond aux cris des oies des neiges égarées. A midi, une simple pause-sandwich avant de recommencer le dur labeur. Les bûcherons venant enfin à bout d'un arbre préviennent leurs compagnons de la chute imminente. L'arbre vacille et s'écrase sur le sol, emportant dans sa chute les hautes fougères et les arbrisseaux.

Charles a six hommes sous ses ordres. On lui prête une réputation de bagarreur et on craint ses sautes d'humeur surtout si, d'aventure, il a un peu bu. Lorsqu'il rentre chez lui, son fils, d'apparence fragile, de caractère docile, subit les coups sans broncher. Sa mère, Enerstine, souffre en silence devant les scènes dont elle est témoin. Un jour, pour corriger Adhémar, Charles Dion saisit le premier objet qui lui tombe sous la main, une sellette d'attelage, et lui frappe le dos avec. Adhémar s'en souviendra : jamais il ne lèvera la main sur ses propres enfants, préférant les intimider de son regard bleu acier.

A Sainte-Anne-des-Monts, villégiature construite sur la rive du fleuve Saint-Laurent entre Cap-Chat et La Martre, on vit des ressources de la forêt et de la chaîne de montagnes Appalaches, marquée par les monts Chic-Chocs et McGerrigle. Communément appelée « mer de montagnes », la Gaspésie est la seule zone protégée au Québec depuis 1937 où cohabitent le caribou des bois, l'orignal et le cerf de Virginie. Terre sauvage, les hommes y vivent au rythme de la nature.

Les hivers sont rigoureux, la température frise souvent les – 30° C. Seule récréation pour interrompre la monotonie : Noël. Les années fastes, Adhémar trouve dans ses souliers une pomme et une orange; les autres, ses chaussures aux semelles remplacées par des morceaux de carton sont vides. Avec ses frères et sœurs il s'amuse à faire couler dans la neige du sirop d'érable. Au contact du froid, le sirop se solidifie et les enfants passent des heures à savourer leurs sucettes sucrées au parfum d'érable.

Les soirées sont longues. Heureusement, il y a la musique. Charles aime jouer au violon des airs folkloriques et offre à son fils pour son septième anniversaire un accordéon. Treize ans plus tard, c'est son talent de musicien qui séduira sa future épouse, Thérèse.

En dépit de la grave crise économique qui secoue le Québec et le reste du monde — nous sommes en 1937 — Adhémar prend son destin en main. Il n'a que 14 ans. Le taux de chômage est élevé (25 %). Le gouvernement du conservateur Maurice Duplessis, ardent défenseur de l'entreprise privée et de la religion catholique, a tenté d'étouffer les grèves de 1936. Sans réel succès. Devant les absences de son père et le manque d'argent à la maison, Adhémar décide, pour soulager sa mère, de subvenir aux besoins de la famille. Quand elle apprend que son fils a décroché le poste de responsable d'entretien dans un camp de bûcherons près de Québec, elle est folle de joie. Même si le salaire est très modeste — un dollar par jour pour douze heures de dur labeur —, Adhémar envoie une pension à sa mère et à ses frères et sœurs. Son seul luxe? Un peu de tabac... Trois ans plus tard, en 1940, toute la famille le rejoint à Rapide-Blanc où il travaille comme bûcheron. C'est là, selon Pierre

Plante, qu'un grave incident serait survenu entre Adhémar et son père.

Charles est venu trouver Adhémar pour lui demander la somme considérable de 1 000 dollars. Sa femme Enerstine est gravement malade. Si elle ne subit pas d'urgence une hystérectomie, elle risque de mourir. Adhémar s'empresse d'ouvrir sa petite boîte en métal et remet à son père l'argent. Et puis, plus de nouvelles. Il acquiert vite la certitude que Charles a tout dilapidé. Son père disparu, il finit par le retrouver. On peut imaginer la colère d'Adhémar et surtout la promesse qu'il a faite de ne pas suivre l'exemple paternel.

En août 1944, Adhémar a 21 ans. Le Québécois libéral Adélard Godbout, élu en octobre 1939, a réinstauré la conscription sous la pression du gouvernement fédéral d'Ottawa. Mais une malformation au genou droit lui vaut d'être réformé. Il ne participera pas aux forces de débarquement en Normandie. Comme bon nombre de familles paysannes, il quitte les forêts de Rapide-Blanc pour La Tuque, cité industrielle de Mauricie entre Trois-Rivières et le lac Saint-Jean. La fin de la guerre suscite la création d'emplois, Adhémar travaille, moyennant un salaire décent, pour le compte de la fonderie Aluminium of Canada. La Tuque marque également une étape importante dans sa vie d'homme : sa rencontre avec Thérèse Tanguay, sa future épouse.

Comme Adhémar, Thérèse Tanguay est originaire de Sainte-Anne-des-Monts. Neuvième fille d'une famille de douze enfants, elle a été victime, bébé, d'un épisode particulièrement dramatique. Un incendie ravage la ville. La maison des Tanguay n'est pas à l'abri des flammes. Le feu progresse à la vitesse de l'éclair. Il est deux heures du matin. Les enfants sont profondément endormis. On les réveille, ils ont juste le temps de descendre les escaliers et c'est l'explosion. Les vitres volent en éclats quand leur mère, Antoinette, s'aperçoit de l'absence de Thérèse. Elle franchit le pas de porte, se précipite dans la chambre du nourrisson, prend l'enfant dans ses bras. Une fraction de seconde plus tard, une nouvelle explosion retentit. Elle tourne son visage, protégeant de sa main droite les yeux de Thérèse. Des centaines de morceaux de verre atterrissent sur le berceau.

Les Tanguay ont tout perdu. Achille, bedeau de métier, est un homme à l'affût de tout. Récemment, il a eu vent que pour une bouchée de pain, on distribuait des terrains à Saint-Bernard-des-Lacs pour peupler la Gaspésie. Animé comme ses ancêtres bordelais d'une âme de pionnier, il décide de tout recommencer et part là-bas avec sa famille. Il construit sa maison avec des rondins de bois, encourage des amis à le suivre dans son aventure de colonisation et de défrichement. Bientôt, d'un hameau, on parle d'un village. Le lac de la commune gorgé de truites, de saumons et de perches portera le nom de lac Tanguay. Cet homme d'affaires avisé et profondément catholique réussira à force d'obstination à faire venir un prêtre et célébrer la messe à Saint-Bernard-des-Lacs.

Comme chez les Dion, la musique occupe une place importante au foyer des Tanguay. A 5 ans, Thérèse se voit offrir son premier instrument, un harmonica baptisé « musique à bouche ». Le règne de La Bolduc, originaire elle aussi de Gaspésie, et première vedette de la chanson québécoise bat alors son plein. Elle effectue des tournées dans les campagnes et se fait connaître avec des titres savoureux comme *J'ai un bouton sur la langue, Le Sauvage du nord* ou *La Pitoune*. Thérèse comme ses petites camarades fredonne ses airs. Par-dessus tout, elle aime que son frère Henri l'accompagne à l'accordéon. Sa mère a vite compris la passion de sa petite fille. Dès qu'Henri est parti à l'école, elle autorise Thérèse à prendre l'instrument de son frère et à jouer dans son coin à une seule condition : que Thérèse remette l'instrument à sa place avant le retour d'Henri. La complicité entre les deux femmes durera plusieurs mois.

Puis, un jour, Henri rentre plus tôt que d'habitude. Personne ne l'a entendu. Antoinette est pétrifiée d'angoisse. Trop tard, les notes s'envolent du premier étage avec désinvolture et l'assurance d'un air maîtrisé. La porte s'ouvre. Thérèse continue à jouer, absorbée par la technique. Son frère, au lieu de piquer la colère que tous craignaient, écoute religieusement sa sœur. Thérèse lève les yeux, l'aperçoit, rougit de confusion. Henri est conquis. Et de bon cœur, il lui prêtera à l'avenir son accordéon.

En 1943, la famille Tanguay quitte Saint-Bernard-des-Lacs et s'installe à La Tuque. Henri travaille à la Fonderie of Canada. Le hasard a voulu qu'un an plus tard, les Dion s'installent eux aussi à La Tuque et qu'Adhémar trouve un emploi dans la même compagnie. Les deux hommes sympathisent et le soir même, les Tanguay invitent les Dion, ces amis du temps où ils vivaient à Sainte-Anne-des-Monts.

Charles est à nouveau absent. Adhémar fait la fierté de sa mère. Thérèse, plutôt farouche, n'a pas envie de rencontrer ces étrangers. Elle a 18 ans, n'est guère sortie de chez elle sauf pour se rendre à son travail à l'hôpital de La Tuque où elle occupe le poste d'aide-soignante. Tandis que ses parents conversent avec Enerstine, elle reste dans son coin. Tous les yeux sont fixés sur Adhémar, ce jeune homme élégant. Il a fait des efforts et a revêtu pour la circonstance sa plus belle chemise blanche.

Ce n'est pas tous les jours que l'on retrouve des amis de la famille. En plus, des gens convenables, qui ont réussi. Après avoir rattrapé en paroles tout le temps perdu, que faire ? De la musique ! Thérèse saisit l'accordéon et commence à jouer. Adhémar tombe sous le charme.

Régulièrement les familles Dion et Tanguay se reçoivent. Volontiers Adhémar prend son violon, Thérèse, qui n'est pas insensible aux beaux yeux bleus d'Adhémar, ne se fait plus prier pour effleurer les touches de son accordéon. La musique contribue à les rapprocher. Mais Adhémar s'absente souvent de La Tuque pour travailler dans les forêts avoisinantes, et leurs retrouvailles sont rares.

Adhémar, fort de ses sentiments, n'a toujours pas trouvé le temps et surtout la force d'affronter Achille Tanguay, cet homme tellement respecté dans la région, pour lui demander officiellement la main de sa fille. Ce n'est que le 17 juin 1945, la veille du mariage, qu'il le fera. Connaissant le sérieux du jeune homme, Achille accordera sa bénédiction. Le 18 juin 1945, à sept heures trente du matin, Adhémar Dion et Thérèse Tanguay s'unissent en l'église Saint-Zéphirin de La Tuque.

3

Sacré Charlemagne!

« Si je dois courir le monde
Mes pas me ramèneront
Toujours sur les chemins de ma maison. »

Les chemins de ma maison
(Eddy Marnay/Patrick Lemaître)

Après un voyage de noces de quelques jours à Québec, Adhémar et Thérèse Dion retournent à La Tuque et s'installent chez les parents Dion. L'ambiance est sensiblement différente de chez les Tanguay. Thérèse, qui avait été habituée à une vie d'harmonie et de bienséance, se retrouve confrontée aux colères de son beau-père. On peut imaginer qu'elle éprouve des difficultés à s'adapter à sa nouvelle vie.

Selon Pierre Plante, Adhémar n'aurait pas souhaité avoir d'enfants. Ayant veillé du mieux qu'il avait pu sur ses six frères et sœurs, il n'aurait pas tenu à fonder une famille élargie. Les difficultés financières représentaient-elles un frein trop lourd à ses yeux? Il aurait préféré, semble-t-il, privilégier sa vie de couple.

Thérèse, en revanche, et à l'évidence, n'a jamais conçu la vie sans enfants. Tant pis si l'argent manque. De caractère optimiste, elle est convaincue qu'ils sauront se débrouiller. Pour elle, les enfants symbolisent la vie qui continue. Et fin octobre 1945, cinq mois après leur mariage, Thérèse annonce à Adhémar qu'elle est enceinte ! Devant la joie de sa femme, et quel qu'ait été son sentiment initial, celui-ci accueille avec bonheur sa paternité future.

Le 15 juin 1946 naît Denise, la première d'une dynastie de quatorze enfants. Suivront le 2 novembre 1947 Clément, le 10 décembre 1948 Claudette et le 8 février 1950 Liette. Avec ses quatre enfants, Thérèse est comblée. Elle adore pouponner. Adhémar, plus réservé, comme bon nombre d'hommes de cette génération, n'ose prendre les enfants dans ses bras. Il a peur de les blesser et il attend qu'ils aient sept ou huit mois pour commencer à jouer avec eux. D'un naturel alors peu expansif, Adhémar deviendra avec le temps beaucoup plus démonstratif. A l'occasion des concerts de sa fille Céline, il est le premier à se lever de son siège et à l'applaudir ! Thérèse, cache davantage son émotion et se contente d'observer fièrement la salle en délire.

Souvent absent, retenu par son travail, Adhémar laisse seule Thérèse. C'est elle qui tient le ménage. Économe, elle veille à tout. Une chemise usagée de son mari ? Elle parvient à y découper des vêtements pour ses enfants. Surtout pas de gaspillage. Tout est recyclé. Ne pas jeter, telle est sa devise. Quatre enfants, on y arrive. Cinq, ce serait vraiment difficile.

Le conservateur Maurice Duplessis, réélu en 1944 et qui se maintiendra au pouvoir jusqu'à sa mort en 1959, prône alors une idéologie traditionaliste que les intellectuels s'attacheront à dénoncer dans des revues comme *Cité libre*. Ils lui reprochent de maintenir le Québec dans un obscurantisme quasi moyenâgeux et de donner la part belle à l'Église, omnipotente. Croyante, pratiquante de surcroît, Thérèse ne voit dans son entourage que le curé de La Tuque pour la soulager de ses inquiétudes quant à l'avenir. Pleine d'allant, elle décide de le consulter et lui confier ses interrogations. Toujours selon Pierre Plante, Thérèse prend rendez-vous au presbytère, est reçue avec deux heures de retard. Elle trouve en lui une oreille attentive d'autant plus qu'il lui promet de venir la voir chez elle et de l'apaiser. Elle attendra sa visite. En vain. Jamais il ne pointera son nez. L'Église ne veut pas d'elle, ne souhaite pas entendre ses incertitudes, qu'à cela ne tienne. C'est son cœur qu'elle écoutera et lui seul. Les enfants Dion recevront toutefois une éducation catholique et Céline se mariera à la basilique Notre-Dame de Montréal le 17 décembre 1994.

Cette décision de prendre sa vie en main et de ne pas compter sur les institutions illustre la force de caractère et la volonté de Thérèse Dion de parvenir à ses fins quoi qu'il arrive. Dorénavant elle ne se fiera qu'à elle-même. Quant au qu'en-dira-t-on, elle ne s'en souciera guère. Aux lancinantes interrogations du style : « Quel est votre secret avec tant d'enfants ? Mon Dieu, quel courage ! », elle aura toujours la même réponse, selon Pierre Plante : « C'est notre choix, c'est un acte d'amour. »

En 1950, Adhémar construit des bungalows à Montréal. La grande ville l'attire. Ce serait tellement bien pour les enfants. Ici, ils pourraient faire des études, évoluer dans la société. C'est compter sans l'œil vigilant et averti de Thérèse habituée au grand air, à la nature, à la liberté d'espace qu'offre la Gaspésie, province où elle a grandi et dont elle garde la nostalgie. Réticente à l'idée de s'installer dans la capitale du Québec, elle parvient à contrecarrer l'enthousiasme de son mari. Au lieu de trouver un logis sur les artères de Sherbrooke ou de Sainte-Catherine, elle lui parle des villes limitrophes de l'île de Montréal, plus calmes pour élever les enfants. Sensible à cet argument, Adhémar cède et loue par téléphone en 1954 une maison à Charlemagne, une petite ville située à vingt-cinq kilomètres au nord-est de Montréal.

Tout s'est passé trop vite. Il n'a pas eu le temps de visiter la maison rue Sacré-Cœur. Quelle n'est pas sa déception en découvrant un minuscule trois pièces dans un état de délabrement terrible. Il n'ose en parler à sa femme qui débarque avec enfants et meubles le lendemain. D'abord effondrée par l'état des lieux, Thérèse ne se décourage pas. Même si la fosse septique est envahie par les rats et que la baignoire est inexistante...

Qu'importe, Thérèse est une force de la nature et à coups de pelle, elle élimine un à un les rongeurs! De surcroît, Adhémar a habilement négocié avec le propriétaire, s'engageant à rendre l'habitation convenable. En échange, il ne versera pas de loyer pendant un an. Marché conclu. Les mois suivants, la salle de bain prendra forme ainsi que la cuisine et les chambres. Bientôt, les Dion se sentiront pleinement chez eux.

Située au confluent de quatre importants cours d'eau, le fleuve Saint-Laurent, la rivière des Prairies, la rivière des Mille-Iles et la rivière de l'Assomption, Charlemagne est directement liée aux industries du bois et du papier. Ainsi que le dit Félix Leclerc : « Pas de billot, pas de papier, pas d'écrivain! » Le Canada est le troisième exportateur mondial de papier. Voisine des municipalités de Lachenaie et de Le Gardeur, Charlemagne doit son existence à de paisibles agriculteurs et à des voyageurs de passage au début du XIXe siècle. Dès 1807 s'y est installé Bonaventure Panet, fils du juge Pierre Panet de Montréal. A suivi Honoré Ménard dit Bonenfant qui a acheté le château de Charlemagne avant de le convertir en hôtel. Le transport par l'eau étant le seul moyen de communication entre les communes de Repentigny et de Montréal, Charlemagne s'avère vite un véritable carrefour stratégique. Entre 1867 et 1869, la très célèbre

Assomption Lumber Company acquiert les terrains nécessaires à l'établissement d'un vaste moulin à scie et d'un entrepôt à bois. La construction du moulin n'attire pas moins de deux cents ouvriers qui finiront par s'installer à Charlemagne.

Les bateaux à aubes actionnés par des chevaux font la fierté de la ville. Parmi les plus célèbres, on compte *Le Chambly, Le Terrebonne, La Rivière-du-Loup* et *Le Cultivateur*, chacun valant 450 dollars, une fortune pour l'époque. Il faudra attendre la construction du pont Le Gardeur en 1937 pour que cesse leur activité.

Charlemagne est une ville pleine de charme pour qui sait prendre le temps de flâner et d'écouter ses habitants parler des temps anciens. Avec émotion, certains évoquent l'Ile aux Trésors composée de quelques hectares de sable où l'on aimait se baigner avant le fléau que fut la vague de pollution de 1970. D'autres se souviennent du Tunnel, ce passage souterrain où s'engouffraient les voitures pour se rendre à Lachenaie, et auprès duquel coulait une source d'eau salée prisée par les grenouilles qui coassaient joyeusement la nuit. Cet endroit sombre était aussi le rendez-vous des amoureux à l'abri des regards indiscrets. Dans les années 30, en pleine période de Dépression, les camions remplis de victuailles passaient à faible vitesse par ce long couloir. Les enfants cachés se précipitaient sur les cargaisons et avaient l'art de chaparder pommes de terre, jambons et bonnes bouteilles pour leurs familles.

Charlemagne est à l'évidence catholique. Les patrons et protecteurs de la ville s'appellent Jude et Simon, en hommage aux apôtres qui prêchèrent en Égypte et en Mésopotamie. La petite église construite en 1909 porte leur nom. Ici, on a le culte des traditions paroissiales. Jusqu'au début des années 70 on n'hésitait pas à s'acquitter de la dîme appelée captation. Un impôt calculé d'après le montant évalué de la propriété du cotisant et versé à la « fabrique » (nom pour désigner la paroisse), qui reversait ensuite le salaire au curé. De 1915 à 1924, les sœurs des Saints-Noms-de-Jésus-et-de-Marie — bientôt remplacées par les sœurs du Sacré-Cœur-de-Jésus — font la pluie et le beau temps au sein de la petite municipalité grâce à l'école Sainte-Marie-des-Anges qu'elles y ont fondée. C'est cet établissement en brique rouge que fréquentera plus tard Céline Dion.

La famille — qui ne cesse de grandir — ne peut plus se contenter du petit logis rue Sacré-Cœur. Michel est né le 18 août 1952, suivi bientôt par Louise le 22 septembre 1953. Pour économiser quelques cents, Adhémar n'hésite pas à se rendre à pied à son lieu de travail. Rue Saint-Jacques, il achète un terrain pour 300 dollars. Sa femme, à l'affût des réclames à la radio, entend parler d'un prêt immobilier. Adhémar rend visite aux fournisseurs en matériaux de construction de Charlemagne et leur demande de lui prêter ciment, poutres, béton, briques pour bâtir sa maison. Dès qu'il aura obtenu son prêt, il les remboursera. Si la banque refuse, il aura construit une maison gratuitement pour les amis qui l'ont aidé. Connaissant le sérieux d'Adhémar, on lui fait confiance. Le prêt lui est accordé. L'aventure de la rue Saint-Jacques peut commencer, tel que les parents s'en souviennent.

Le soir après dîner, les enfants en pyjama montent dans la voiture et tout l'été jusqu'à la tombée de la nuit, Adhémar et Thérèse construisent leur maison. Enceinte de Jacques qui verra le jour le 10 mars 1955, Thérèse brasse le ciment. Sur la façade de la maison, Adhémar grave ses initiales : AD1954 — jouant aussi, peut-être, sur l'inscription *Anno domini*. Dans cette nouvelle demeure naîtront Daniel le 29 novembre 1956, Ghislaine, le 28 juillet 1958 et Linda, le 23 juin 1959.

Les enfants grandissent. La maison s'avère encore trop petite. Rue Notre-Dame, Adhémar trouve, malgré les réticences de son épouse, une bâtisse plus spacieuse en pierre grise qu'il acquiert pour la somme de 20 000 dollars canadiens. La famille Dion y habitera jusqu'en 1984 et c'est là que Manon naîtra le 7 octobre 1960. Les jumeaux Paul et Pauline, nés à l'hôpital Le Gardeur le 3 avril 1962 et derniers enfants du couple avant Céline, y feront leurs premiers pas.

4

Céline à l'école

« Elle vole
Elle cherche le soleil
Elle rêve de merveilles
Elle espère arriver. »

Une colombe
(Marcel Lefebvre/Paul Baillargeon)

Thérèse est pleinement heureuse. Ses enfants autour d'elle la comblent. Une nuit de quatre à cinq heures de sommeil lui suffit pour affronter la journée. Sa santé de fer fait l'admiration de tous. Jamais elle n'oubliera l'automne 1963 au cours duquel la coqueluche frappa six de ses treize enfants. Son mari travaille désormais à la coopérative fédérée du Québec et il obtient les meilleurs rabais pour acheter de la viande. Pour nourrir cette nombreuse famille, les quantités sont colossales : vingt-cinq kilos de pommes de terre par semaine, trois à quatre pains par jour. La vaisselle dure plus d'une heure. Mais la bonne humeur règne. L'amour entre tous les membres est plus fort que tout. Les tensions ne sont pas effacées pour autant mais gérées avec intelligence. Adhémar veille en permanence à l'harmonie de sa famille. Son grand plaisir ? Écouter ses enfants jouer de la musique au sous-sol. Son arche de Noé se porte bien. Il a gagné son pari.

Thérèse songe enfin à prendre son temps et consacrer les années qui lui restent à se faire plaisir. Elle a prouvé qu'elle était une mère exemplaire. Elle a désormais le droit de se reposer. Mais cinq ans après la naissance des jumeaux, elle se trouve à nouveau enceinte. Pendant ses neuf mois de grossesse, elle restera cloîtrée dans sa maison rue Notre-Dame. La pharmacienne homéopathe, Pierrette Seguin, dont l'officine se trouve juste en face de la maison des Dion, témoigne : « C'était comme si Mme Dion avait disparu de la circulation. Personne ne l'a vue. Il faut dire que ses enfants les plus âgés, Claudette et Michel, étaient en âge de se marier. Claudette[1] commençait une carrière dans la chanson. Elle se produisait dans les cabarets aux alentours de Charlemagne et le nom de Dion devenait familier. Michel[2] avait aussi créé un groupe musical, "Le Show". Il faut se mettre à la place de cette femme à peine âgée de 40 ans. Depuis vingt ans, son emploi du temps se limitait à une seule activité : élever des enfants ! »

Au cours d'interviews, Céline racontera que sa

---

1. A ce jour, Claudette a enregistré quatre albums : *Hymnes à l'amour* (1984), *Hymnes à l'amour*, volume 2 (1985), *Bonsoir Édith* (1986) et *Claudette Dion* (1990).

2. Michel Dion, plus connu sous le nom de Michel Saint-Clair, a formé avec Mike Dinardino, Jules Francis, Pierre Gauthier et Claude Laferrière « Le Show ». On connaît trois albums à leur actif : *Le Show* (1978), *Fièvre d'amour* (1983) et *Quelle heure est-il?* (1985).

mère, enfermée chez elle, écoutait à longueur de journée la radio. En 1968, une chanson d'Hugues Aufray écrite deux ans plus tôt par Vline Buggy, et intitulée *Dis-moi Céline*, passait en permanence sur les ondes. Thérèse adorait en fredonner la mélodie. Ce fut décidé : si le bébé s'avérait être une fille, elle la prénommerait Céline. « Voilà pourquoi je suis née sous le signe de la chanson. Déjà dans le ventre de ma mère, j'avais la musique dans la tête », dira Céline (*France Soir*, 5 avril 1984).

A l'annonce de la naissance de la toute dernière, le 30 mars 1968, Adhémar et ses treize enfants se précipitent à l'hôpital de Le Gardeur. Plus nombreux qu'une équipe de hockey ou de base-ball, ils peuvent désormais compter sur une remplaçante de choc. Ils ne savent pas encore que la benjamine sera la plus célèbre de la dynastie Dion. Anecdote amusante, l'escalier de la maison rue Notre-Dame qui monte à l'étage est composé de quatorze marches. Grâce à la naissance de Céline, chaque enfant possède sa marche en bois. Le clan Dion est bien assis.

« La p'tite Céline était notre poupée vivante », raconte Linda Dion, l'une de ses sœurs, rencontrée dans l'un des restaurants de la chaîne Nickels. C'est avec admiration et amour pour sa cadette qu'elle poursuit : « Jusqu'à sa naissance, nous n'avions qu'une poupée à la maison qu'on se passait de sœur en sœur. Céline a été la seule de la famille à avoir sa propre poupée. C'est moi qui lui ai acheté sa première paire de chaussures. Nous autres, les huit sœurs, on avait pris l'habitude par manque d'argent de réparer les semelles et de marcher avec les mêmes souliers. Je me souviens aussi qu'on lui faisait prendre son bain à tour de rôle. On l'aimait tellement! On ne s'adressait jamais à elle comme à un bébé. Quand elle avait 2 ans, on faisait comme si elle en avait 5. On s'est toujours conduits en adultes avec elle. Elle détestait les cris. Si on avait le malheur de parler fort devant elle, elle se mettait à pleurer. Je crois qu'elle voulait qu'on l'aime à n'importe quel prix. C'était une enfant très spéciale, en perpétuelle soif d'amour et de reconnaissance. »

A partir de l'âge de 5 ans, Céline fréquente l'école Sainte-Marie-des-Anges rue Saint-Alexis, à l'angle de la rue Sacré-Cœur. L'établissement, construit en briques rouges, adjacent à l'école Émile-Despins réservée aux plus grands, est devenu entre-temps public. L'institutrice Jeanine Sirois, une femme au visage doux qui a eu Céline en deuxième année quand elle avait 7 ans, se souvient de l'enfant. « Il était rare que Céline élève la voix. Elle avait toujours le sourire. A l'époque, elle portait un nœud en guise de serre-tête pour retenir sa longue chevelure châtain foncé. Sa place était devant, près de la porte. Sa participation orale était bonne. C'était une petite fille avenante. A l'époque on utilisait la méthode

Sablier. Tous les lundis matin, à huit heures vingt-cinq, on commençait par chanter une comptine. J'écrivais les paroles au tableau et les enfants devaient les répéter à haute voix et en rythme. Comme ses petits camarades, Céline s'est prêtée au jeu. Mais jamais je n'aurais soupçonné qu'elle ferait carrière dans la musique. » Manifestement, Céline, enfant, ne sortait pas du lot. On aurait pu penser l'inverse et l'imaginer soliste dans une chorale, prenant la parole pour faire rire ses camarades. Si talent précoce il y eut, ce ne fut pas à l'école qu'elle le montra ni le développa.

Céline Dostaler qui enseigne à Sainte-Marie-des-Anges depuis plus de trente ans a eu Daniel, Ghislaine et Liette Dion avant Céline dans sa classe. Par la suite, elle a hérité des neveux et nièces de Céline (Brigitte, Dominique, Rachel, Valérie et Karine atteinte de mucoviscidose). D'apparence plutôt rigide avec son corsage à pois et large col pointu aux extrémités, ses petites lunettes rondes, Céline Dostaler trône derrière son bureau. « Ce qui m'amusait, c'était d'avoir une élève qui s'appelait Céline comme moi. Ce prénom était peu fréquent à l'époque. On avait plutôt des Marie-José ou des Marie-Ève ! On sentait que c'était une petite fille gâtée, une enfant chouchoutée par les adultes. Elle était pâle, sensible, toute simple. Ses résultats scolaires n'étaient pas merveilleux. Les notes ne dépassaient pas 60 sur 100. Je me souviens qu'on a dû constituer des groupes de lecture. Céline s'est retrouvée dans le deuxième groupe pour rattraper le niveau des autres enfants. On sentait qu'elle avait des problèmes de concentration. Visiblement, l'école ne l'intéressait guère. Sa vie était ailleurs, au milieu de sa famille. »

Les époux Dion viennent de faire l'acquisition d'un bar-salon à la sortie de Charlemagne, baptisé Le Vieux Baril[1]. Adhémar a quitté son poste de gardien de sécurité au centre Berthelet pour jeunes délinquants ainsi qu'au centre Habitat-Soleil. Avoir un commerce à eux était un vieux rêve des époux Dion. Etre leurs propres patrons, n'avoir de comptes à rendre à personne... Surtout, Adhémar est enfin proche des siens et peut profiter pleinement de sa famille. Le sympathique et hilare Lucien Desjardins, toujours prêt à vous offrir un café, fréquentait régulièrement l'établissement des Dion. « On servait une nourriture typiquement québécoise composée de pâté chinois (pommes de terre et viande hachée mélangées à du maïs en grains), de tarte au sucre (d'érable, cela va de soi !), de tarte aux pommes ou encore de pudding-au-chômeur (pain servi avec du

1. Le Vieux Baril disparaîtra dans un incendie provoqué par un court-circuit le 5 mars 1981, l'année où Céline fera la rencontre de René Angélil, son manager. Le bâtiment ne sera jamais reconstruit et Thérèse aura tout le loisir de s'occuper, avec René, de la carrière de sa fille. Bien plus tard, en 1993, à l'âge de 66 ans, elle fera l'acquisition avec l'un de ses fils, Paul, du restaurant Nickels à Repentigny, ville voisine de Charlemagne.

caramel chaud et une boule de crème glacée!). Pour couronner le tout, la bière Molson coulait à flot! »

Comme bon nombre d'habitants de Charlemagne, Lucien Desjardins éprouve de la tendresse pour Céline. « Moi aussi, j'avais un petit commerce. La p'tite Céline venait avec ses camarades s'approvisionner en bonbons. Les enfants peuvent être cruels entre eux. Souvent ils se moquaient d'elle parce qu'ils ne la trouvaient pas jolie. Moi, je prenais sa défense. "Tu verras, un jour, c'est eux qui t'envieront!" »

Au début des années 70, Céline n'a que 5 ans, Adhémar Dion crée avec ses enfants une formation musicale : « A. Dion et son ensemble ». Pour la première fois, la musique, perçue jusqu'alors comme un dérivatif, devient une source supplémentaire de revenus. De l'ordre du privé, de l'intime, du familial, on passe à un stade supérieur.

Les Dion se montrent et dévoilent en plein jour leurs talents de musiciens. Dans le parcours artistique de Céline, cette étape est importante car elle démontre que la famille entière ne craint pas l'exposition au public.

A l'époque, Adhémar est à l'accordéon, Jacques à la guitare, Clément à la batterie, Daniel à l'orgue et Denise au chant. Au programme, des airs folkloriques et de temps en temps des chansons de Janis Joplin comme *Me and Bobby McGee.*

« L'orchestre était *booké* un an à l'avance, se souvient Linda Dion. Les gens qui voulaient se marier venaient voir mon père et lui demandaient d'animer leur soirée. On touchait 100 dollars pour jouer de dix-huit heures à deux heures du matin ! » L'aventure durera environ deux ans. Puis, Adhémar se retire, lassé par les horaires tardifs des représentations, et laisse ses enfants se produire seuls. « Pour la Saint-Jean — fête nationale du Québec, le 24 juin —, poursuit Linda, notre mère cousait pour ses filles des jupes à carreaux rouges et noirs. Les garçons portaient des pantalons noirs avec une simple chemise blanche. Tous ensemble, on se retrouvait sur un char en train de jouer et danser des farandoles canadiennes. C'était le *fun* ! »

La scène du Vieux Baril est leur lieu de répétition. Quand les enfants Dion ne sont pas par monts et par vaux en train de jouer, ils animent le restaurant. C'est donc là que Céline, entre l'âge de 5 et 13 ans, se familiarise avec un public composé essentiellement d'ouvriers, d'artisans, de chauffeurs de camions ou de petits fonctionnaires. Rares sont ceux qui demeurent insensibles à sa voix. Le 18 août 1973, jour du mariage de son frère Michel, elle interprète une chanson de Ginette Reno : *Du fil, des aiguilles et du coton*. Elle a 5 ans. « C'est là que tout a commencé, dit-elle. J'avais mes frères et mes sœurs autour de moi qui m'accompagnaient. En élevant la voix, j'ai senti quelque chose. Je me suis dit, c'est sûr, que c'est ma vie, t'sais ! » (*Envoyé Spécial*, 20 octobre 1995).

Pour Thérèse, il ne fait aucun doute : « Tu seras chanteuse, ma fille. » Rapidement, Céline devient l'attraction de la région. Tous les samedis soir, on sait que la petite va chanter et le restaurant affiche complet. On n'hésite pas à lui donner des billets de 10 dollars pour qu'elle entonne l'un des titres de Ginette Reno comme *Tu vivras toujours dans mon cœur* ou *J'ai besoin d'un ami*. Les parents s'enorgueillissent de leur benjamine. Ils sont loin de se douter que quelques années plus tard, elle remplira le Madison Square Garden, l'Olympia ou le Palais Omnisports de Paris-Bercy.

En 1977 — Céline n'a que 9 ans — le Québec, comme le reste du monde, n'échappe pas à la vague disco. La musique du film *La Fièvre du samedi soir*, orchestrée pour la majeure partie par les Bee Gees, envahit les discothèques. Pourtant, on observe un regain de la chanson québécoise, surtout dans les campagnes. Zachary Richard, originaire de Louisiane, participe à « La veillée des veillées », un rassemblement folklorique au large retentissement. Charlemagne n'a beau être qu'à trois quarts d'heure en voiture de Montréal, la ville n'est pas touchée par les rythmes de *Stayin'alive*. Ses habitants préfèrent se retrouver au Vieux Baril et écouter des chansons qu'ils connaissent bien.

« Quand tout était terminé, racontera Céline dans ses concerts [1], nous nous retrouvions enfin seuls à table (seize personnes !), je ne pouvais jamais en placer une. J'étais comme bâillonnée, mes frères et mes sœurs ne me laissaient pas parler. Heureusement, je me suis rattrapée depuis ! Je me souviens qu'ils adoraient me prendre par la taille et me poser au milieu de la table et je commençais à chanter. On tapait aussi sur les bouteilles de ketchup et sur nos verres en attendant que notre mère serve le repas. Après les avoir plus ou moins remplis de Coca-Cola ou d'orangeade, on s'était aperçus qu'en faisant claquer les lames de couteaux sur les parois, on obtenait des notes de musique. Tout naturellement, on recréait des mélodies. Et là, on devenait fous ! »

L'anecdote est doublement intéressante. D'une part, elle montre la famille Dion comme une entité solide. Tous les frères et sœurs sont complices et fonctionnent de la même manière quelle que soit leur différence d'âge. Ils font bloc et tous s'intéressent à la musique. D'autre part, à table, on partage le pain comme on partage les notes. C'est un lieu de création. On se nourrit avec les plats composés par la mère et en même temps l'esprit musical s'anime et prend forme ici. La table de la cuisine de

1. Déclaration reprise dans l'émission *Envoyé spécial* citée plus haut.

Thérèse Dion peut apparaître comme un avant-goût des futures tables de mixage des prestigieux studios d'enregistrement que Céline fréquentera à New York, Los Angeles ou Paris.

« Toute jeune, poursuit Céline, j'ai senti que j'étais différente de mes camarades d'école. Un beau jour, maman a reçu une lettre de l'école mentionnant : "Nous pensons que Céline a un problème." En fait ils pensaient que j'étais une enfant battue. »

La vie trépidante de l'enfant coïncide mal en effet avec les horaires scolaires. Son grand frère Clément habite à côté de l'école Sainte-Marie-des-Anges et c'est chez lui qu'elle passe beaucoup de temps avant de rejoindre ses parents au Vieux Baril. Céline s'endort sur les genoux de ses frères et sœurs et a les pires difficultés à se lever tôt le matin. Sœur Jeanne Lebeau, directrice de l'école Sainte-Marie-des-Anges de 1969 à 1981, avertie par l'institutrice, décide d'envoyer chez les Dion une assistante sociale. Dans une interview à la chaîne de télévision américaine *ABC*, Céline relatera l'événement de la façon suivante : « Oui, l'assistante est venue à la maison. Mais en voyant les instruments de musique et la bonne ambiance qui régnait chez nous, elle n'a pas insisté et est repartie. On ne l'a plus jamais revue. » En revanche, la version de Sœur Jeanne Lebeau est sensiblement différente : « Après la visite de l'assistante sociale, les absences de Céline ont continué. Et comme par hasard, les parents ont changé de numéro de téléphone... »

Le clan Dion n'aime pas que l'on s'occupe de ses affaires. De toute façon, ses membres se mêlent assez peu de la vie sociale au sein de la communauté de Charlemagne, trop occupés qu'ils sont à travailler au Vieux Baril ou à se produire en concerts. A part Louise qui, à deux reprises, en 1973 et en 1975, puis Linda, en 1978, obtiennent le titre de Duchesse au concours de Miss Charlemagne, on trouve peu de trace dans les archives de la ville de leur participation à quelque activité que ce soit. Cette famille vit en vase clos. « Jamais notre mère ne se séparait de ses quatorze enfants. Elle nous emmenait partout. L'inconvénient : on finissait par ne plus nous inviter nulle part parce que nous étions trop nombreux. L'avantage : nous nous suffisions à nous-mêmes et n'avions besoin de personne », racontera Céline dans *Téléstar*, le 1er novembre 1993.

Pierrette Seguin nous a déclaré qu'en dépit d'une unique source de revenus, le salaire que rapportait Adhémar à la maison, les Dion n'ont jamais demandé d'aide financière au service social de Charlemagne. « C'était des gens orgueilleux et pudiques, poursuit-elle. Pour Noël, les cadeaux se limitaient, pour les filles, à une brosse à cheveux et le dessert de fête se composait d'un plat de *jello* (gelée parfumée au citron ou à la fraise), c'est tout. »

Les Dion à Charlemagne, c'est l'État dans l'État. Malgré les difficultés rencontrées par le manque d'argent, on se serre les coudes et on évite de faire confiance aux étrangers à la famille. Cette notion de clan, on la retrouve aujourd'hui dans le cercle très fermé Dion-Angélil. Cela n'a rien d'exceptionnel. Bon nombre de stars ne se mêlent pas beaucoup aux autres et vivent entourées d'un nombre restreint de fidèles. « Depuis le début de ma carrière et mes voyages aux quatre coins du monde, je n'ai pas réussi à me faire des amis », déclare Céline. Comment pourrait-il en être autrement quand on mène une vie de saltimbanque allant de palace en palace ? Une solitude qui ne semble pas lui peser parce que sa famille nombreuse (plus d'une trentaine de neveux et nièces) comble ce vide amical dont, aujourd'hui, elle ne se plaint pas. Au contraire.

On compare souvent Céline à une sportive de compétition tant son alimentation et ses heures de sommeil sont réglementées. Avec elle, on peut parler de la solitude du coureur de fond. Elle n'entretient pas non plus d'amitiés avec le milieu du show biz. A l'occasion de son mariage, aucune star de la chanson n'est venue partager la pièce montée. Seuls présents : la famille, encore et toujours, et des amis de la famille !

Finalement, il y a quelque chose d'assez monacal dans ce mode de vie. Entrer dans le clan Dion n'est pas donné à tout le monde. La sélection est rude et il faut faire serment de fidélité. Presque une profession de foi en Céline! Eddy Marnay, qui l'a connue enfant, lui a écrit ses premiers titres, est devenu au cours des années un ami de la famille. On trouve aussi Mia Dumont, l'une de ses attachées de presse, souvent qualifiée de seconde maman de Céline parce qu'elle la suit depuis ses 13 ans. C'est Mia qui a orchestré le mariage de René et Céline. Prisonnière de sa famille biologique, Céline en la quittant, carrière oblige, n'a eu de cesse de s'en créer une nouvelle avec ses garde-fous. René étant le père, Mia, la mère, les enfants de René, ses frères et sœurs qui la suivent en tournée.

Céline grandit bercée par la musique de ses frères et sœurs. Tous sont persuadés qu'elle possède un don qu'elle se doit d'exploiter. Pour l'aider à percer, son frère Michel lui fait rencontrer l'un de ses copains, le producteur Paul Cadieux. Céline a 11 ans. Spécialisé dans les groupes de rock, Paul voit en elle un prodige et signe un contrat de cinq ans. La mère de Céline n'est pas très enthousiaste. La carrière que semble offrir Paul à sa fille ne correspond pas à ses aspirations et à son idée du métier, du succès que mérite Céline. Mais, comme ils ne connaissent personne d'autre, cette alliance constitue un premier pas dans le show business.

Le champ d'action de Paul Cadieux se limite à

des cabarets et à des supermarchés. Thérèse craint le pire. On boit, on fume dans de tels endroits. Ce n'est pas là que sa fille s'épanouira et embrassera une carrière à la hauteur de son talent, croit-elle. Interpréter à longueur de temps du Ginette Reno ne la conduira pas très loin. Alors seule, déterminée, Thérèse prend sa plume et sur un coin de table dans la cuisine du Vieux Baril, elle écrit une chanson pour sa fille : *Ce n'était qu'un rêve.* Ce geste est quasiment miraculeux, il paraît incroyable d'audace et de pugnacité. Il révèle surtout une volonté de soulever des montagnes, de ne jamais se laisser abattre et de ne pas avoir peur de l'inconnu. L'écriture n'est pas le métier de Thérèse... Elle tend les paroles à son fils Jacques, guitariste et compositeur, en lui demandant de trouver une mélodie. Par la suite, ce sera encore elle qui trouvera un autre producteur pour Céline.

Dans cette chanson aux paroles toutes simples (« Je marchais d'un pas si léger/Sur un tapis aux pétales de roses/Une colombe sur mon épaule/Dans chaque main une hirondelle/Des papillons couleur pastel/Ce n'était qu'un rêve/ (...) Des fleurs dansaient sur un même accord/Des chevaux blancs avec des ailes/Semblaient vouloir toucher le ciel/Vraiment j'étais au pays des fées »), se dessine déjà tout l'univers de Céline à ses débuts. Une jeune fille pure, princesse virginale attendant le prince charmant. Presque Cendrillon sous le crayon de Walt Disney.

Cette vision plutôt naïve de la vie, elle n'aura de cesse de la louer dans ses interviews, répétant à qui veut l'entendre que sa vie est un conte de fée et qu'elle veut aller au bout de ses rêves. Plus tard, son mariage en sera la parfaite illustration : pétales de roses, colombes, etc. Le décorum de l'hôtel Westin Mont-Royal correspondra en tous points aux aspirations de l'adolescente de 13 ans. Comme si Thérèse Dion avait anticipé l'avenir de sa fille et avait vu ce qu'il adviendrait de Céline.

Aujourd'hui, Céline vit un rêve, elle a conquis l'Amérique, elle a réalisé son *American Dream* (le « rêve américain ») : partir à la conquête du succès à la force non pas de son poignet mais de sa voix, pousser toujours plus loin les frontières de l'impossible et parvenir à se faire une place dans le firmament des stars du show business. De la même façon que les pionniers l'avaient fait au siècle précédent en partant à la conquête de l'Ouest avec l'irrésistible envie d'offrir une vie meilleure à leur famille et en repoussant sans cesse les limites de la « Frontière », bravant les intempéries et luttant contre les Indiens. Thérèse Dion avait tout compris au destin et aux ambitions de sa fille.

5

Enfin, René vint

« On a tous un peu la voix du bon dieu
Quand on rend les gens heureux
On a le cœur loin du chagrin
Quand on chante bien. »

La voix du bon dieu
(Eddy Marnay)

Au cours des années 60, le Québec va vivre une profonde mutation, communément appelée « Révolution tranquille ». Le libéral Jean Lesage a été élu en juin 1960 avec la promesse de faire accéder la société québécoise à la modernité. Ce sera la création des ministères des Affaires culturelles et de l'Éducation, réforme scolaire, etc., manière de supplanter l'influence jusque-là omni-présente du clergé.

Pour la première fois, la chanson québécoise joue un rôle actif dans le processus de changement. D'une part en redéfinissant la spécificité du pays grâce aux chansonniers (auteurs-compositeurs-interprètes) comme Félix Leclerc ou Gilles Vigneault qui se produiront dans les « boîtes à chansons », sortes de cabarets où l'artiste ne s'accompagne qu'à la guitare, debout, le pied sur une chaise, face à un public réuni autour de tables.

A leur répertoire, des chansons poétiques sur le thème des voyages, des paysages de mer et de neige. Citons, entre autres, *Les Soirs d'hiver*, *J'ai deux montagnes* de Félix Leclerc et *J'ai planté un chêne* ainsi que *Le Pays de chacun* de Gilles Vigneault.

D'autre part en tentant d'intégrer la chanson dans le courant mondial, en imitant les sons à la mode comme le « yé-yé » qui s'adresse davantage à un public d'adolescents avec des thèmes relatifs à l'école, la danse, les flirts. René Angélil s'inscrit parfaitement dans cette seconde lignée.

D'origine libanaise, il fonde en 1961 en compagnie de Jean Beaulne et de Pierre Labelle un groupe, les Baronets[1]. Leur grande spécialité : traduire en français les chansons des Beatles et les enregistrer. *C'est fou, mais c'est tout* (1964), version de *Hold Me Tight*, sera leur plus gros succès qui leur permettra de remporter le trophée au gala des artistes de 1964 à Montréal. Jusqu'en 1972, date de leur dissolution, ils alterneront tours de chant et numéros comiques et se produiront au Québec et aux États-Unis, en particulier à Atlantic City, ville connue pour ses nombreux casinos.

---

1. A leur actif, on recense douze albums : *Les Baronets en spectacle* (1963), *Ça recommence* (1964), *Les Baronets à la Comédie-Canadienne* (1965), *Les Baronets en personne* (1967), *Réveillon chez la famille Canusa* (1968), *15 succès* (1969), *Les Palmarès des Baronets* (1969), *La Belle Amanchure* (1970), *Pierre Labelle et René Angélil* (1971), *21 titres d'or* (1974), *Une soirée au cabaret avec les Baronets* (1989), *Les Baronets* (1992).

Après cette expérience, René décide de se lancer dans la production. Il gère, entre autres, et avec succès, la carrière de deux grands artistes québécois : René Simard et Ginette Reno.

René Simard est l'exemple type du produit américain. Découvert à l'âge de neuf ans, il se fait connaître grâce à un titre : *L'Oiseau*. Petit garçon à l'image bien sage et bien élevé, il séduit toutes les générations, plus particulièrement les mères de famille qui s'arrachent ses disques. De Tokyo à Las Vegas, il connaît une aventure à la Shirley Temple. Très vite, René Angélil passe la main à son ami Guy Cloutier, grand producteur canadien, et lui confie les rênes de la carrière de l'enfant prodige.

Ginette Reno est une artiste d'une toute autre dimension. Dans les années 70, le Québec la consacre chanteuse populaire. Son répertoire sentimental (*J'ai besoin d'un ami, J'ai besoin de parler*) lui permet de rallier un vaste public, de franchir les frontières de son pays et de se faire apprécier en France notamment avec des albums signés Michel Legrand et Luc Plamondon.

Sa collaboration avec René Angélil s'arrête brusquement en janvier 1981. Officiellement parce qu'elle souhaitait que son propre mari s'occupe d'elle.

En 1981, quand Thérèse et Céline franchissent la porte de son bureau, elles trouvent un producteur sans artiste. Comment l'ont-elles rencontré ? Fermement décidée à prendre en main le destin de Céline et animée d'un esprit de clairvoyance quant à ses capacités vocales, Thérèse Dion ne souhaitait pas que sa fille se présente devant un producteur en interprétant la chanson d'une autre. Il lui fallait la sienne pour se démarquer. « J'ai écrit pour Céline dans ma cuisine et Céline est parvenue à me sortir de ma cuisine, dira-t-elle dans *Envoyé Spécial*. Grâce à elle, j'ai fait le tour du monde et me suis rendue plus de vingt-cinq fois à Paris ! »

Il semble évident qu'à l'époque (nous sommes en 1981, Céline n'a que 13 ans), Thérèse projette sur sa fille ses aspirations de réussite dans le domaine musical. On sait que toute jeune, elle était particulièrement douée pour jouer de l'accordéon. Mais envisager une carrière était impossible. Ses priorités étaient alors cristallisées sur l'éducation de sa nombreuse famille. Toute sa vie, elle s'est sacrifiée pour le bonheur de ses enfants. Le fait que Céline soit la cadette n'est pas anodin. Thérèse a accouché de Céline à 41 ans. Le rapport mère/enfant est forcément différent de celui qui a été établi avec les autres. Elle n'est plus la même mère qu'à 20 ans. Plus adulte, on peut penser que Thérèse a consacré plus de temps à Céline, a eu une forte envie de lui transmettre ce qu'elle a appris et surtout éprouvé un réel bonheur à s'occuper d'elle. C'est le lot de bien des parents qui ont des enfants au-delà de 40 ans.

Six ans séparent Céline des jumeaux Paul et Pauline. Ils ont 18 ans, sont majeurs, travaillent, ont déjà acquis une certaine indépendance. Les autres frères et sœurs nés dans les années 50 sont mariés, certains ont des enfants, tous mènent leur vie. Ils ont quitté le giron familial et exercent des métiers variés. L'aînée, Denise qui a vingt-deux ans de plus que Céline, est devenue fleuriste, Clément, quincailler, Claudette s'essaye déjà à la chanson tout en étant serveuse dans un restaurant, Liette est femme au foyer, Louise est vendeuse dans une boutique de prêt-à-porter, Jacques, guitariste et compositeur, et Daniel, décorateur. Plus tard, quand la carrière de Céline prendra forme, son frère Michel sera à ses côtés et organisera les tournées, sa sœur Manon, coiffeuse, la suivra partout, et Pauline deviendra présidente de son fan-club.

En 1981, date de la rencontre avec René, Thérèse ne s'occupe plus que de Céline. Tout son temps et son énergie lui sont consacrés. On peut imaginer qu'elle reporte tous ses espoirs d'une vie meilleure sur la dernière de la dynastie Dion, appelée à répandre ce nom hors des limites de Charlemagne. C'est un peu l'enfant de la dernière chance.

L'avenir prouvera que Céline a rempli sa mission, en portant la bonne parole non seulement au Québec mais aussi dans le reste du monde. Tout l'amour que Thérèse a donné à ses enfants, Céline en sera l'interprète, la messagère.

Le texte et la musique de *Ce n'était qu'un rêve*

écrits, Céline n'a plus qu'à prêter sa voix. C'est dans la cuisine du Vieux Baril que son frère Jacques procédera à l'enregistrement. Ils enverront la cassette amateur à René, l'appelleront à maintes reprises pour lui demander s'il l'a écoutée. Un beau jour, tombé sous le charme, en compagnie d'Eddy Marnay, c'est lui qui décrochera son téléphone.

Parolier de Michel Legrand, de Barbra Streisand, de Nana Mouskouri et dans les années 70 de Claude François (*Le Mal aimé*, *Il fait beau, il fait chaud*, *Je vais à Rio*, *Cette année-là*) et de Mireille Mathieu (*Mille Colombes*, *Une femme amoureuse*), Eddy Marnay se trouve à Montréal en 1981. René Angélil l'a contacté pour travailler avec Ginette Reno. Mais Ginette se retire de l'écurie Angélil et Eddy est un peu désœuvré. Aujourd'hui encore, cet homme aux cheveux blancs, éminemment respecté dans la profession et qui fait figure de sage, se souvient avec émotion de cet épisode. « Un soir, René m'appelle et me dit : je viens de recevoir une cassette. Je voudrais que tu l'écoutes parce que ça me paraît formidable. J'ai débarqué dans son bureau. Ensemble, on a écouté la bande. A la première note, j'ai pris feu. Lui aussi. René a appelé la mère de Céline. Deux heures plus tard, elles étaient là toutes les deux devant nous. René a demandé à Céline de chanter et lui a tendu un stylo. “Sers-t'en comme d'un micro. Imagine que tu es Place des Arts, l'une des salles de spectacles de Montréal. Le public, plus de 3 000 personnes, est venu pour t'applaudir, ils ont tous payé leur place. Vas-y, chante !" Céline semblait gênée, poursuit Eddy. Elle n'était pas très belle avec une implantation de cheveux très basse. Ses canines étaient mal placées dans sa mâchoire. Mais il a fallu qu'on me le fasse remarquer, parce que j'étais fasciné par ce que j'entendais. Oui, en l'écoutant, j'ai eu un vrai choc émotionnel, un coup de foudre. Pour moi, sa voix était celle du bon Dieu (ce sera le titre de son premier album et d'une chanson), pleine de tendresse et tellement riche. René était en larmes et a dit : "Une voix comme ça, il y en a une tous les vingt ans, pas plus." Pas de doute, Céline était sa nouvelle chance, l'occasion pour lui de redémarrer. »

On prête volontiers à René Angélil cette maxime : « Les erreurs que je devais faire, je les ai faites avec d'autres artistes. Avec Céline, je sais quoi faire et je sais où je veux aller. » La carrière de Céline, aujourd'hui, montre qu'il a tenu ses engagements. Son plan de développement à l'échelon planétaire est une totale réussite.

Paul Dion, l'un des frères de Céline, directeur du restaurant Nickels de Repentigny, situé à cinq kilomètres de Charlemagne, se souvient, lui aussi, des bouleversements que cette rencontre a entraînés. « René a racheté le contrat qui liait Céline à Paul Cadieux et l'aventure, la vraie, a commencé. »

Les jours suivants, René envoie Céline au Studio

Célébrité enregistrer *Ce n'était qu'un rêve*. C'est Eddy Marnay qui a insisté auprès de René pour que ce titre soit le premier dans la carrière de Céline. « C'était tout un symbole. Je considérais qu'en écrivant une chanson pour sa fille, Thérèse s'était fait violence. Pour elle, c'était plus difficile que de construire une maison. Le résultat était joli, poétique, tout à fait charmant. Je ne pensais pas à un succès commercial. Pourtant, la chanson a relativement bien marché. »

Grâce à une campagne de publicité savamment orchestrée, ce premier 45 tours atteint dès le mois de juin les premières places des hit-parades québécois. Le parcours d'obstacles de René Angélil pour imposer sa future star ne fait que commencer.

Dès le début de la carrière de Céline, René Angélil souhaite qu'elle ait son propre parolier. « Quand on chante en français, notre compétition déborde largement le cadre du Québec. Comment peut-on demander à un artiste, si talentueux soit-il, de concurrencer des Mouskouri ou des Mathieu si on ne lui donne pas des armes égales pour se battre, c'est-à-dire un répertoire bâti sur mesure comme c'est le cas pour Nana et Mireille ? C'est la seule chance qu'a un interprète de percer à l'extérieur et de se maintenir avec constance sur son propre marché intérieur » déclarait-il au magazine *Marie-Pier*, en 1982, un an seulement après sa rencontre avec Céline. Eddy Marnay sera l'auteur des textes de Céline. Il composera les soixante premières chansons de sa jeune carrière.

L'étape suivante : trouver une maison de disques assez motivée pour donner les moyens à Céline d'enregistrer un album. Les grosses maisons de production font la sourde oreille. Une enfant de 13 ans, vous n'y songez pas, s'entend répondre René. Personne ne veut prendre le risque de la signer. Puisque c'est comme ça, il hypothèque sa maison. Avec l'argent amassé (50 000 dollars), il arrivera bien à lui faire enregistrer un disque. Aidé par Denys Burgeon, directeur de distribution chez Trans-Canada Disques et d'Eddy Marnay, il décide de sortir simultanément deux albums. Un coup de poker (on sait que René Angélil aime jouer) qui laisse sceptiques les professionnels de l'industrie discographique.

Ces deux albums, *La Voix du bon Dieu* et *Céline Dion chante Noël* arrivent sur le marché québécois en novembre 1981 sur le label de René, Super Étoiles. Le premier, intégralement composé par Eddy, est une série de ballades destinée à un public d'adultes. La chanson *La Voix du bon Dieu* est significative du désir de Céline de faire le bonheur autour d'elle : « On a tous un peu la voix du bon Dieu/Quand on rend les gens heureux/On a le cœur loin du chagrin/Quand on chante bien. » Le deuxième album est un mélange de chants traditionnels de fin d'année destiné aux enfants et à leurs parents. Si l'on regarde attentivement les pochettes des deux albums, on s'aperçoit que les photos ont été prises au cours de la même séance. Les ventes de ces deux albums dépassent les 300 000 exemplaires fin décembre. C'est plus qu'un succès, c'est un raz-de-marée pour le Québec. Nombreux sont déjà ceux qui regrettent de ne pas avoir partagé la foi de René Angélil.

En janvier 1982, Céline signe un contrat avec le label Saisons de Trans-Canada. Elle n'a pas 14 ans. Très vite, René s'aperçoit que le marché québécois n'est pas suffisamment vaste pour la jeune chanteuse. La France, incontournable plaque tournante pour tout artiste francophone, est naturellement sa prochaine destination.

De retour à Paris, Eddy Marnay contacte Claude Pascal, grand éditeur de musique, et le convainc sans problème de la qualité de la voix de Céline. « A l'époque, la mode n'était plus aux voix. On disait que Céline n'était pas très belle et que sa voix ressemblait trop à celle de Mireille Mathieu, elle aussi issue d'un milieu modeste et d'une famille nombreuse. En aucun cas, René et moi ne voulions présenter Céline comme la Mireille Mathieu du Québec. On voulait qu'elle ait sa propre identité et qu'on ne la compare à personne d'autre. Il fallait donc faire preuve de malice pour déjouer tous ces a priori. “Quelles sont tes conditions? lui demande Claude Pascal.

— J'avoue ne pas y avoir réfléchi, répond Eddy.

— C'est simple, ajoute Claude, les bonnes affaires sont celles où tout le monde gagne la même chose." On a donc partagé la poire en trois : René, Claude et moi sommes devenus co-producteurs de Céline et avons signé avec Pathé Marconi/EMI. Là, on disposait enfin de moyens nettement supérieurs pour consolider sa carrière. Sous la direction du chef d'orchestre Jean-Pierre Dorsey, elle enregistre *D'amour ou d'amitié* dans un petit studio rue d'Hauteville. »

« Grâce à Céline, j'ai vécu une deuxième adolescence, continue Eddy Marnay. Moi aussi, à son âge, j'avais rencontré une jeune fille. Tout d'abord amie, elle est devenue mon premier amour. J'ai pensé que Céline pouvait ressentir ce même type d'émotion : "Il pense à moi, je le sens, je le sais/Son sourire ne ment pas quand il vient me chercher/(...) Il est si près de moi/Pourtant je ne sais pas comment l'aimer/Lui seul peut décider qu'on se parle d'amour ou d'amitié." En quelques semaines, la chanson *D'amour ou d'amitié* a été disque d'or. »

De plus en plus impliqué dans la carrière de Céline, Eddy, d'un naturel d'habitude réservé, envoie l'album à Michel Drucker. « En tant qu'auteur, jamais je ne m'adressais à des producteurs de télévision. Mais je demeurais convaincu du talent de Céline en dépit d'une résistance en France. Manifestement Mireille Mathieu avait le monopole et il n'était pas évident d'imposer Céline. A l'album envoyé à Michel, j'ai joint un petit mot : "Je ne vous demande rien. Écoutez, c'est tout." Michel m'a appelé dès le lendemain et Céline a fait sa première télé en France le 8 janvier 1983 dans *Champs-Élysées*. Vêtue d'un spencer pied de poule noir et blanc et d'un nœud papillon, elle a interprété *D'amour ou d'amitié*. Présentée comme l'enfant prodige, sa maman à ses côtés, Céline conquiert la France entière. Le lendemain, il faut réapprovisionner les bacs des disquaires ! »

A cette époque, c'est l'épouse de René qui s'occupe des tenues de l'enfant star. « Anne Angélil qui a délaissé complètement la chanson pour me seconder dans mon travail a fait appel à Josiane Moreau, une couturière pour enfants. Elle réalise tous ses vêtements et a réussi à lui donner un *look* qui lui sied parfaitement. Quant à sa chevelure, c'est Manon, l'une des sœurs de Céline, qui en prend le plus grand soin. Ma femme supervise la question esthétique et tout particulièrement le maquillage », explique René dans le magazine féminin québécois *Marie-Pier* (18 décembre 1982).

Il est vrai que la garde-robe de Céline fait très envie : robes à volants, corsages avec des cols larges... Pendant ce temps, à Paris, Jeanne Mas évolue sur les plateaux télé en cuir noir et impose son maquillage vampiresque, Mylène Farmer joue les dandys en pantalon fuseau et chemise blanche à jabot.

Depuis, Céline a un compte chez Chanel pour ses tenues de ville et raffole des vestes et pantalons en cuir pour ses tenues de scène. A l'occasion de son Zénith 95, on remarque qu'elle a fait plomber le bas de son pantalon en cuir pour qu'il lui colle mieux à la peau et surtout pour que le pli demeure impeccable.

Jusqu'à la majorité de Céline, Thérèse sera toujours à ses côtés, veillant avec amour sur l'enfant chérie. René prendra ensuite le relais. Céline avouera que c'est autour de ses 18 ans qu'elle a commencé à éprouver des sentiments pour son manager. Paul Dion se souvient d'avoir accompagné sa mère et sa sœur à l'aéroport Mirabel de Montréal à l'occasion de leur premier séjour hors des frontières du Québec : « Maman était tellement heureuse de la bonne tournure de la carrière de Céline que par superstition, elle a décidé d'arrêter de fumer. Elle m'a donné son paquet de cigarettes et m'a dit : fais-en ce que tu veux ! Pour elle, c'était une façon de remercier le ciel. »

Les disques se vendant plutôt bien en France, une nouvelle étape importante attend Céline : le Japon. Elle participe au Yamaha World Song Festival de Tokyo et remporte son premier trophée de renommée internationale avec la chanson *Tellement j'ai d'amour pour toi* devant 115 millions de téléspectateurs. Elle n'a que 14 ans. Au départ, ils étaient 1907 participants. A son retour au Québec, le Premier ministre de l'époque, René Lévesque, l'accueille à l'aéroport, ainsi que ses treize frères et sœurs !

« Céline était une enfant surprotégée, poursuit Eddy Marnay. Elle l'est toujours. Elle était vive, intelligente, drôle. On sentait qu'elle brûlait de choses importantes à dire mais qu'elle ne trouvait pas les mots pour les exprimer. Et moi, je captais tout, comme une antenne. Toutes les chansons que j'ai écrites pour elle la caractérisaient. *Tellement j'ai d'amour pour toi*, par exemple, est dédiée à sa mère qui veillait sur elle en permanence : "Maman, j'ai besoin de tes yeux posés sur moi/Tu es ce que je crois/Et ce que j'ai de mieux et accompagne-moi/Il peut couler du temps sur tes cheveux d'argent/Je serai une enfant jusqu'à mon dernier jour/Tellement j'ai d'amour pour toi."

« Dans *Les Chemins de ma maison*, composée dans l'avion qui m'emmenait au Québec, je devinais, et le temps l'a confirmé, qu'en partant pour l'aventure dans le show business, Céline aurait toujours la nostalgie de sa maison et de sa famille : "Et moi, j'ai compris la chance/Que le ciel m'avait donnée/De naître où les caresses sentent bon/Si je dois courir le monde/Mes pas me ramèneront/Toujours sur les chemins de ma maison." Elle souffre d'être loin des êtres qu'elle aime. C'est ça le prix de la réussite, elle le comprend et le vit du mieux qu'elle peut en téléphonant à ses parents quasiment tous les jours où qu'elle se trouve dans le monde. On pourrait croire qu'elle n'est pas indépendante : elle est sortie du cocon familial très jeune pour tomber dans celui de la carrière que l'on connaît. Mais elle a une telle force de caractère et sait avec certitude s'entourer de gens de confiance qu'elle peut s'assumer seule. Elle a confiance en elle, c'est ça le plus important. »

Bien sûr Céline est sujette au doute, qui ne le serait pas ? « Lorsque je l'ai emmenée voir le film *Yentl* de Barbra Streisand dont j'avais écrit les sous-titres, poursuit Eddy, elle est sortie en larmes de la projection. Elle avait 15 ans, à peine. Elle était tout simplement effondrée d'admiration. J'ai assisté à la même scène avec Nana Mouskouri sortant d'un concert d'Édith Piaf. C'est tellement parfait, qu'est-ce que je peux faire ? se demandait-elle. Je connais ce sentiment. En voyant des artistes d'un tel niveau de perfection et d'émotion, on n'a qu'une envie : quitter le métier. En même temps, c'est un stimulant fabuleux parce qu'il vous gonfle d'énergie et vous donne envie de vous surpasser. Céline est une grande parce que déjà toute jeune elle avait cette faculté de remise en question et cette volonté de pousser ses limites. »

L'avenir montrera qu'effectivement Céline ne se contentera pas de chanter dans son pays ou en France. Elle apprendra l'anglais et fera carrière aux

États-Unis. Cette démarche ne s'effectuera pas sans un changement radical de son répertoire. Eddy Marnay sera remplacé par Luc Plamondon, Jean-Jacques Goldman, Diane Warren... Elle apprendra à danser, à bouger sur scène, à devenir une authentique *entertainer*. Elle ne craindra pas de répondre aux questions de David Letterman sur le plateau de l'émission de la chaîne de télévision américaine *ABC*, « Good Morning America » ou de remplir le Théâtre du Forum de Montréal (devenu Théâtre Molson), à différentes reprises. Aujourd'hui, elle apprend l'espagnol pour conquérir le public d'Amérique du Sud ainsi que les nombreux hispaniques résidant aux États-Unis. Céline est une artiste qui se remet sans cesse en cause et qui n'hésite pas à se faire violence. Elle ne se repose pas sur ses lauriers, alors qu'elle aurait désormais les moyens de le faire. Sa fortune est assurée, elle connaît la gloire dans son pays et ailleurs mais veut aller toujours plus loin. C'est cet appétit, cette énergie à se lancer de nouveaux défis qui font d'elle une star. Céline est ambitieuse et on peut se demander jusqu'où elle ira...

Autre rendez-vous important : le MIDEM 1983 (Marché International du Disque et de l'Édition Musicale). Monique le Marcis, ex-Directrice des Variétés à RTL, connaît bien Céline. Elle l'a rencontrée de nombreuses fois et croit en elle. « Sa voix était exceptionnellement mature pour son corps de jeune fille. » Aussi surprenant que cela puisse paraître, quand elle suggère aux professionnels de choisir Céline pour représenter la chanson francophone au concert de clôture du MIDEM à Cannes, elle ne rencontre pas un engouement démesuré. A force de persuasion, elle parviendra à imposer l'adolescente qui remportera le trophée avec *D'amour ou d'amitié*.

Jean-Jacques Souplet, alors directeur de la production chez Pathé Marconi/EMI, s'est occupé de Céline et n'a pas oublié ce MIDEM, en particulier le dîner de clôture. « En fait, il y avait deux dîners. L'un donné en l'honneur de Jeanne Mas qui cartonnait à l'époque avec *En rouge et noir*, et l'autre pour Céline Dion. Tout le monde du show biz s'est précipité à celui de Jeanne, quasiment personne n'est venu entourer Céline. Voilà la parfaite illustration du monde musical français. Jeanne Mas bénéficiait d'une image plus moderne, plus "branchée" que celle de Céline. Personne ne soupçonnait le potentiel de la petite. Il a fallu qu'elle fasse ses preuves à l'étranger pour qu'on crie au miracle et qu'on commence enfin à la reconnaître à la mesure de son talent. C'est typique de la France : surtout ne pas prendre de risque. »

Entre 1982 et 1985, Céline enregistre neuf albums (sept au Québec et deux en France). Ce sont les singles qui marchent le mieux. *D'amour ou d'ami-*

tié dépasse les 500 000. En dépit de l'Olympia de Patrick Sébastien dont elle assure la première partie (du 6 novembre au 9 décembre 1984), elle a du mal à installer sa carrière en France. Le 11 septembre 1984, elle retrouve le Québec et chante *Une colombe* spécialement écrite par Marcel Lefèbvre pour le pape Jean-Paul II au stade olympique de Montréal devant une foule de 65 000 personnes. (« Une colombe est partie en voyage/ Pour faire chanter partout sur son passage/ La paix, l'amour et l'amitié/ La paix, l'amour, la vérité/ Quand elle ouvre ses ailes/ C'est pour la liberté. »)

Le Québec est resté une province très catholique en dépit de la Révolution Tranquille des années 60. Se produire devant le pape est une véritable consécration, mieux, une reconnaissance de son succès grandissant. Une bénédiction qui vient à point nommé. C'est le triomphe absolu. Le Québec est sa patrie, elle n'a pas droit à l'erreur chez elle. Elle n'en commettra aucune et accumulera les concerts et les récompenses. Citons, entre autres, quatre trophées décernés par l'ADISQ (Association du Disque et de l'Industrie du Spectacle Québécois), des concerts devant 30 000 personnes dans le vieux port de Montréal et un duo avec sa sœur Claudette *Vois comme c'est beau*. Elle se paye même le luxe de participer à la bande son d'une mini-série pour enfants, *Opération Beurre de Pinotte*, l'occasion de réaliser son premier vidéoclip avec la chanson *Listen To The Magic Man*. C'est son premier contact dans sa carrière avec l'anglais.

A noter aussi l'interprétation en allemand de *Mon ami m'a quittée* réintitulée *Was bedeute ich dir*, seul titre de Céline à ce jour dans cette langue. L'expérience ne sera pas renouvelée car les plus grosses ventes de disques outre-Rhin sont celles d'artistes s'exprimant en langue anglaise.

A 17 ans, cette jeune fille qui baigne dans un monde d'adultes doit changer d'apparence si elle veut passer à l'étape supérieure et conquérir une bonne fois pour toutes une crédibilité auprès d'un public adepte de *pop*. Fatigué d'entendre qualifier son bébé d'enfant-star, René Angélil la retire du circuit, arrête la promotion, les émissions de télé, les concerts. Mise en veilleuse pendant dix-huit mois, Céline continuera de travailler d'arrache-pied. Elle se créera un nouveau visage et surtout apprendra l'anglais. Très important : sa collaboration en France avec Pathé Marconi/ EMI s'achèvera pour faire place à un contrat avec Carrère, label de CBS qui deviendra Sony. Cette période charnière 1985/ 1986 demeure la plus méconnue de la vie de Céline.

6

La stratégie Angélil

« Détourner des rivières, porter des poids
Traverser des mers, je saurais faire
Défier des machines, narguer des lois
Les foudres divines, ça m'effraie pas. »

Je sais pas
(Jean-Jacques Goldman)

En 1985, René Angélil rencontre le colonel Parker à Las Vegas. A l'ex-manager d'Elvis Presley, il confie : « Moi aussi j'ai une artiste extraordinaire et elle va devenir une autre Barbra Streisand. » Le colonel lui demande : « Comment s'appelle ta chanteuse ? Céline Dion ? Si tu y crois vraiment, il ne faut pas qu'elle devienne une autre Barbra Streisand mais qu'elle soit une Céline Dion. » René obéira au colonel.

C'est une nouvelle Céline que le public découvre fin 1986. A dix-huit ans et demi, la jeune fille brune à la longue et épaisse chevelure s'est transformée en sylphide aux cheveux plus courts permanentés et de couleur châtain clair. « L'adolescente sage ne correspondait plus à la femme que j'étais devenue, déclarera-t-elle dans *Platine* (19 janvier 1994). Pendant plusieurs mois je lisais dans la presse : "Mais où est donc Céline ?" Quand je suis revenue avec un nouveau *look,* bang! (La coiffure courte a été imaginée par Frédéric Fekkai, le coiffeur de Madonna.) Les gens ont été si contents de me retrouver qu'ils ont accepté illico ma nouvelle image. »

La sortie de l'album *Incognito* marque une étape importante dans son changement de registre. Les mélodies sont plus rapides, plus rythmées notamment sur les titres *Jours de fièvre* et *Délivre-moi.* Les boîtes à rythmes et les synthétiseurs sont omniprésents.

Les accords de piano dans les graves sont plus saccadés qu'avant. Le son Dion tel que nous le connaissons aujourd'hui se construit là, dans cet album. Céline met un terme aux ballades romantiques de ses débuts et entre par la grande porte dans le monde de la pop avec Luc Plamondon et Daniel Lavoie. Sur *Lolita,* par exemple, batterie en tête, elle affirme : « Trop jeune pour aimer/ Qu'est-ce que ça veut dire/ Lolita répond je m'en fous, je m'en fous/ *I love you.* »

Eddy Marnay, son parolier attitré, signe cinq titres. Question : son public va-t-il la suivre? La réponse est oui. Les places des quarante-deux concerts annoncés cette année-là à Montréal se vendent comme des petits pains. Pour couronner ce grand retour annonçant une carrière internationale,

René Angélil reçoit de Suisse un coup de téléphone pour le moins surprenant.

Nella Martinetti et Attila Sereftug, auteur et compositeur de la chanson *Ne partez pas sans moi*, lui demandent son accord pour que Céline représente la Suisse au concours de l'Eurovision en 1988. « Mais Céline est de nationalité canadienne pas suisse !, leur rétorque-t-il.

— Ça n'a aucune importance. Sa voix nous intéresse. Nous sommes sûrs de gagner grâce à elle. »

Aussitôt, René et Céline font leurs valises, prennent l'avion et débarquent à Dublin quelques jours avant le concours. Un soir, René se rend dans un pub, la télé est allumée et il regarde les spots promotionnels annonçant le prochain Eurovision. Il met ses mains dans ses poches, en retire 400 dollars, qu'il pose sur le comptoir et fait le pari que la gagnante cette année sera Céline. « Je ne serai plus là pour récupérer mes gains. Voici mon adresse ! » Le palmarès lui donnera raison car effectivement, Céline finira première. Devant 600 millions de téléspectateurs, elle remporte le 33e Prix de l'Eurovision. Quelle émotion ! Les larmes coulent sur son visage quand elle interprète sa chanson pour la seconde fois.

Cette même année, une jeune Belge, Lara Fabian, représentant le Luxembourg, finit quatrième au Concours. Elle s'exilera en 1990 au Québec avec son ami et manager Rick Allison, adoptera la citoyenneté canadienne et recommencera une carrière d'auteur-compositeur-interprète là-bas. Eddy Marnay sera amené à travailler pour elle. Encore inconnue en France, elle est adulée au Québec et a déjà sorti trois albums. D'aucuns la présentent comme la nouvelle Céline Dion.

L'Eurovision en poche, on croit enfin que Céline va démarrer une carrière internationale. Or, c'est le silence, en France du moins. On la boude comme bon nombre de gagnants de l'Eurovision. Le single sort quand même dans une douzaine de pays. Dire que la France ne veut plus de Céline est un raccourci un peu facile. On sait que Céline désire déjà orienter sa carrière vers les États-Unis.

A la question « Pourquoi la France a-t-elle résisté si longtemps à Céline Dion ? », Jean-Jacques Goldman répond : « A mon avis, des chansons... inégales, pas d'image, et surtout une interprétation un peu datée. » (*L'Express*, 19 octobre 1995). Il est vrai qu'à la fin des années 80 et au début des années 90, la France s'amourache de Mylène Farmer (elle aussi née au Canada), de Jeanne Mas, d'Elsa et de Vanessa Paradis avec *Joe, le taxi*. C'est également l'explosion des radios FM et il est hors de question de passer sur les ondes des chansons « hors-mode ».

Aux yeux des Français, Céline demeure la

petite fille au col blanc chouchoutée par sa maman. Elle n'a pas l'image d'une jeune fille libérée, bravant les institutions. Son côté provincial lui colle à la peau et les magazines féminins notamment n'ont pas le déclic pour elle. Le slogan « la famille avant tout » n'est plus d'actualité en France. Et Mireille Mathieu souffre de ce revirement. Or Céline est immanquablement comparée à Mireille. Leur parcours il est vrai se ressemble un peu : d'origine modeste, Céline a commencé à 13 ans, Mireille à 16 ans. Si Céline est assimilée à Mireille, en France, Mireille doit une partie de son succès au fait que sa voix ressemble à celle d'Edith Piaf, morte en 1963. En Mireille, les Français ont retrouvé la môme Piaf. Ce n'est toutefois pas le cas pour Céline. Mireille est peut-être moins présente sur le marché mais toujours là. Et il n'y avait pas de place pour deux. La seule erreur de René Angélil est sans doute d'avoir emmené Céline trop tôt en France.

Plus déterminée que jamais à mener une carrière internationale, Céline est obligée de se tourner vers les États-Unis, le seul pays à l'infrastructure suffisamment vaste pour l'imposer par la suite dans le reste du monde. « L'Amérique, c'est la musique, la France, le romantisme », dit-elle (*Télé K7*, mai 1995). Si l'Angleterre a fait les Beatles, l'Amérique a produit les meilleures voix soul ou pop, qu'il s'agisse d'Aretha Franklin ou de Barbra Streisand, modèles avoués de Céline Dion. Ambitieuse et voulant réussir à tout prix, il est parfaitement logique qu'elle aussi rêve d'Amérique, royaume à ses yeux des belles voix. « Je chanterai toute ma vie en français, c'est mon sang, mes veines, mes racines. Mais si pour aller plus loin, il faut chanter en anglais, je chanterai en anglais. J'ai tout de suite voulu être une légende. Je fais tout pour pouvoir, une fois morte, revivre par mes chansons, continuer à exister. Quand un artiste est vivant, ce n'est pas là qu'il existe vraiment » (*Platine*, 25 novembre 1995).

Certains, lisant de telles déclarations, ont pu qualifier Céline de mégalomane et l'accuser de posséder un *ego* sur-dimensionné. Mais tout artiste ne tient-il pas à laisser une trace impérissable? Une œuvre qui lui survit après l'issue fatale? René est certes son pygmalion mais il est au service des ambitions de Céline. C'est lui qui lui ouvre la voie, lui explique le mode d'emploi et lui balise le terrain pour accéder à la postérité. Si elle n'était pas aussi sûre d'elle-même, le partenariat Dion-Angélil serait depuis belle lurette retombé comme un soufflé. Une vie dédiée à la musique n'est pas à la portée de tous. Plus qu'un sacerdoce, c'est une profession de foi. Céline croit en elle. Telle est sa force, le secret de son énergie. René ne l'oblige pas à courir le monde, Céline le veut bien. Le chemin de croix qu'elle s'est imposé, finalement elle en est la seule actrice. René n'étant que le metteur en scène, le maître d'œuvre. De talent, il va de soi.

Apprendre l'anglais sera capital. C'est à la célèbre école Berlitz, qu'elle suit pendant deux mois des cours intensifs, cinq jours par semaine. Alors qu'elle avait les moyens de s'offrir des cours particuliers ! Les « H » aspirés et les « THE » n'ont bientôt plus de secret pour elle. En guise de transition entre une carrière francophone et une carrière américaine, Céline enregistre trois duos début 1989 avec des artistes de la maison Sony (ex-CBS) : Dan Hill (*Wishful Thinking*), Billy Newton-Davis (*Can't Live With You*) et Warren Wieb (*Listen To Me*). Ce dernier duo lui permet de rencontrer l'auteur-producteur canadien de renommée mondiale, David Foster (producteur de Chicago, Natalie Cole, Toni Braxton, Mariah Carey et Barbra Streisand, l'idole de Céline). Whitney Houston pour qui il a écrit *I Will Always Love You* (1992) lui doit d'être restée à la première place des hit-parades américains pendant quatorze semaines. Surnommé « le contremaître de la ballade » (« les gens aiment ce qui a du cœur », proclame-t-il), David Foster joue de tous les instruments. Il partage sa vie avec Linda Thompson, qui fut pendant cinq ans la compagne d'Elvis Presley.

C'est donc avec David Foster que Céline travaillera sur son premier album américain *Unison.* Elle fera la connaissance d'auteurs à succès comme

Diane Warren qui a commis le célèbre *Unbreak My Heart* interprété par Toni Braxton, de réalisateurs comme Chris Neil qui a lancé Sheena Easton, d'Andy Golmark qui a fait des Pointer Sisters des stars mondiales, de Walter Afanassief, maître des synthétiseurs et arrangeur hors pair qui a travaillé avec Aretha Franklin. Grâce à eux, les portes de grands studios d'enregistrement comme le Westside (Londres), le Chartmaker (Los Angeles) ou encore le Hit Factory (New York) lui seront ouvertes.

Sorti le 1er avril 1990 aux États-Unis et au Canada, *Unison* permet à Céline de quitter les rives de son Saint-Laurent natal. Ce n'est pas sans appréhension. A 22 ans, Céline est terrifiée par ce formidable enjeu américain. Malgré ses cours intensifs d'anglais, elle avoue ne pas être devenue totalement bilingue et prend conscience de ses lacunes. Dans une interview à E. Kaye Fulton du magazine *MacLean* (juin 1992), elle confie :

« Quand les gens plaisantent en anglais, je souris. En vérité, je ne comprends pas pourquoi c'est tellement drôle. J'ai encore des progrès à faire. »

Dans la même interview, elle raconte que six nuits d'affilée, avant la sortie d'*Unison*, elle a été réveillée par le même cauchemar. Elle se voit près d'une falaise, des policiers autour d'elle, des ambulances arrivent sirènes hurlantes. Quelqu'un veut l'empêcher de tomber, tente de la retenir. Trop tard,

La maison, rue Notre-Dame à Charlemagne, où la petite Céline Dion a vécu avec sa famille jusqu'à l'âge de seize ans.

© Françoise Delbecq

Céline Dostaler, l'institutrice de Céline.

© Françoise Delbecq

En novembre 1984, Céline entre Philippe Lavil et Patrick Sébastien dont elle vient d'assurer la première partie à l'Olympia. *© Gamma, F. Reglain*

Céline, en concert au Québec, interprète des titres signés Eddy Marnay. *© Gamma, Benaroc*

Céline à quinze ans.
© Sipa Press, Ginies

Céline entourée de ses parents, Adhémar et Thérèse Dion. © *Gamma*

Devant six cent millions de téléspectateurs, Céline remporte le 33e Prix de l'Eurovision à Dublin, en avril 1988.
© *Gamma, M. carraro*

▲
Le premier album de Céline en anglais, *Unison*, se vend à plus de deux millions d'exemplaires.
© *Gamma*

En décembre 1996, deux ans après leur mariage, le couple se retrouve à l'hôtel Westin Mont-Royal. *© Gamma, Ponomareff*

◀ Céline, rayonnante, le jour de son mariage avec René Angélil, le 17 décembre 1994. *© Gamma, Nahas/Ponopresse*

Dans la banlieue résidentielle de Montréal, à Rosemere, l'une des maisons de Céline. *© Gamma*

Céline, côté ville,
adore s'habiller
en Chanel.

© Sipa Press, Villard/Nivière

L'un des quarante et un
restaurants de la chaîne
Nickels appartenant
à Céline,
rue Sainte-Catherine,
à Montréal.

© Françoise Delbecq

◄ Céline à la 39e cérémonie des Grammy Awards.

© Sipa Press, Christensen

▼ *Falling Into You*, l'album le plus vendu au monde (plus de vingt millions d'exemplaires).

© Gamma, Poulin

▲ Le jour de ses vingt-sept ans, Céline déguste avec René des sucettes au sirop d'érable, l'une de ses gourmandises préférées.

© Gamma, Ponomareff

Céline avec Jean-Jacques Goldman venu l'accompagner sur la scène du Zénith, à Paris en octobre 1996.

© Terrasson

Sur scène, Céline se donne totalement à son public.

© Gamma, Scorcelletti

elle a déjà sauté. Et elle se réveille juste avant de s'écraser.

L'aventure est trop excitante, elle ne peut se permettre de faire marche arrière. Elle tiendra bon. La machine Dion est en marche. Les paroles explicites de *The Last To Know* (« *If you thought of leaving would you tell me ?/Don't let me be the last/If the truth would hurt me would you lie ?* — Si tu voulais me quitter, me le dirais-tu ?/Que je ne sois pas la dernière à l'apprendre/Si la vérité me faisait souffrir, me mentirais-tu ? ») et de *I'm Loving Every Moment With You* (« *In our silence/Looking in your eyes/I hear words you don't need to say* — Dans nos silences/Je lis dans tes yeux/J'entends les mots que tu n'oses prononcer ») témoignent d'une grande sensualité. En tout cas, rien à voir avec les albums français précédents.

Céline met un point final aux chansons fleur bleue d'adolescente pour aborder le registre de la femme amoureuse, emportée par la passion. Ainsi avec *If We Could Start Over* (« *How can we walk away/From something that once was so strong/Have we the strength to say we're wrong* — Comment renoncer/A un sentiment si fort/Avons-nous la force d'admettre nos torts ? ») et le single *Unison* (« *We stick together we're never apart/Everybody knows who we are/Because we are one we do it in unison* — On ne peut vivre l'un sans l'autre/C'est évident aux yeux de tous/Parce que nous ne formons qu'un, c'est l'harmonie parfaite »).

« Quand j'avais 14 ans, je chantais des chansons que j'aimais, que j'aime toujours. La mode avait évolué, la génération des Balavoine était passée devant celle des Mireille Mathieu, je n'y pouvais rien. Est-ce que j'aurais dû suivre la mode ? J'ai préféré suivre mon cœur. Si j'ai fait *Unison*, ce n'est pas par opportunisme, c'est parce que j'aime les chansons. Mes arrangements actuels ne sont pas mieux que ceux des chansons des années 80, ils sont différents. Adaptés à leur époque. Dans dix ans, on trouvera les arrangements de *Je danse dans ma tête* démodés, c'est normal. Je m'en fous si c'est le rap qui est à la mode, moi j'aime les choses classiques. Je ne me vois pas chanter du Vanessa Paradis. Je veux me faire plaisir, c'est le meilleur moyen pour transmettre du bonheur au public » déclare-t-elle dans le magazine *Platine* (janvier 1994).

Distribué dans seize pays, *Unison* est partout un succès. Il se vend à 600 000 exemplaires au Canada et 500 000 aux États-Unis. Le total des ventes mondiales dépasse les 2 millions d'exemplaires. L'Amérique s'enflamme pour le single *Where Does My Heart Beat Now* et dès janvier 1991, celui-ci entre dans le Billboard américain. Il y restera vingt-quatre semaines d'affilée atteignant la quatrième place.

Le conte de fée continue, en dépit d'un incident

de parcours dramatique pour une artiste-interprète : la perte de sa voix lors d'un concert en novembre 1990. Céline vient de terminer une tournée harassante de trois semaines aux États-Unis. Participant à des conventions de distributeurs de disques, elle n'a cessé de chanter. Littéralement épuisée, elle retrouve son public québécois à Sherbrooke et c'est l'extinction de voix. L'horreur. Le drame. C'est la première fois qu'elle subit une telle humiliation.

« Je pensais mourir. Mon corps vibrait parce que je faisais des efforts. Je sentais les musiciens derrière moi qui essayaient de me transmettre leur force. En vain. Incapable de chanter, j'avais tellement honte. J'ai commencé à pleurer dans les coulisses. Et puis René est monté sur scène, a pris le micro et a dit : "Pas besoin de vous expliquer. Céline n'est pas en forme ce soir." Là la réponse du public a été fabuleuse : "Pauv' p'tite, elle travaille trop. Faut qu'elle aille se reposer !" » (*Envoyé Spécial*, octobre 1995).

Le concert est arrêté sur-le-champ. Le célèbre laryngologue new-yorkais, le docteur Wilbur Gould, lui conseille de ne pas parler pendant trois semaines. Elle doit reposer ses cordes vocales sinon elle risque de sérieuses complications. Elle le prend au mot, s'envole se reposer sur la plage d'Aruba aux Bermudes et ne communique avec René que par écrit.

Encore aujourd'hui, elle est très vigilante sur sa voix. Il n'est pas rare qu'elle passe des journées entières sans parler : « Je suis une taiseuse ! » (*Madame Figaro*, 14 septembre 1996). Sa sœur Linda n'a pas oublié des retrouvailles avec toute la famille à Las Vegas. « On ne s'était pas vu depuis plusieurs mois. On avait plein de choses à se raconter. Hélas, nous sommes tombés un jour où Céline restait muette. On sentait qu'elle était folle de joie de nous voir mais elle n'a pas dérogé à la discipline qu'elle s'était imposée. Nous n'avons communiqué que par des bouts de papier. Elle a vraiment une volonté de fer ! »

Autre exemple : à l'issue de ses concerts au Zénith en octobre 1995, un grand dîner est donné au Fouquet's par Gilbert Coulier, le producteur de ses spectacles. En tout, une cinquantaine de personnes qui parlent, qui rient. Dans son coin, Céline ne prononce pas un mot de la soirée. Pour commander, elle pointe du doigt sur le menu. « J'étais assis à sa table, se souvient Luc Plamondon, et ça fait un drôle d'effet » (*Gala*, 18 juillet 1996). Jean-Jacques Goldman est encore plus catégorique : « Céline, c'est deux concerts et un jour off, jamais quatre ou cinq concerts de suite. Avant d'entrer en studio, trois jours de mutisme total. Total ! Même pas demander son petit déjeuner, tout écrit, tout !... Toujours les exercices avant... Alors, quand elle dit :

“Je suis prête”, elle est prête, pas besoin de chauffer la voix. Ça ne rigole pas » (*Infomatin*, 3 avril 1995).

Dans l’émission de Michel Drucker « Faites la fête à la Saint-Sylvestre » diffusée sur *France 2* le 31 décembre 1996, Céline s’explique sur son mutisme : « Quand ta vie, c’est chanter, t’as pas le choix. Alors j’arrête de parler et mon mari adore ça ! »

La rigueur que met Céline à protéger sa voix démontre non seulement son professionnalisme mais aussi la place prépondérante qu’occupe sa carrière dans sa vie. Elle est prête à refuser le dialogue avec ses proches, les êtres qu’elle aime le plus (sa famille, son mari) au nom du public. Sa vie privée passe au second plan. La discipline qu’elle s’impose est fascinante. Elle ne s’autorise aucun écart de conduite. On la sait pourtant expansive, ouverte, tournée vers les autres. Ces deux traits de caractère (côté volubile, gai, enjoué et côté fermé, austère) sont en perpétuelle opposition chez Céline.

Depuis cette terrible alerte, elle a toujours des humidificateurs à disposition et interdit à ses proches de fumer dans sa proximité. Lors de cocktails après ses concerts, il est formellement déconseillé aux invités d’allumer une cigarette même si Céline demeure enfermée dans sa loge. Et René d’ajouter : « Quand j’ai vu qu’elle ne chantait plus ni dans la voiture ni dans l’avion par pur plaisir, j'ai compris qu'elle était une vraie star » (*Maclean Magazine*, juin 1992).

Il n'a jamais été question pour Céline de délaisser le public français. En septembre 1991, elle retourne à Paris enregistrer un album composé exclusivement de chansons de Luc Plamondon, avec lequel elle avait travaillé sur deux titres de son album : *Incognito* — la chanson du même titre — et *Lolita (trop jeune pour aimer)*.

Luc Plamondon est l'auteur, entre autres, du premier opéra-rock francophone, *Starmania*, co-écrit avec Michel Berger en 1978. Présenté la première fois à Paris au printemps 1979, celui-ci a permis de faire connaître des artistes québécois comme Diane Dufresne, Fabienne Thibault et Claude Dubois. Le talent de Diane Dufresne s'était déjà illustré avec *J'ai rencontré l'homme de ma vie, Tiens-toé ben, j'arrive* ou encore *La Chanteuse straight* toujours écrits par Luc Plamondon. Surnommée la « Charlebois en jupons » en raison de sa voix haut perchée et de ses extravagances vestimentaires (bibis, voilettes, gants en dentelles, etc.), elle interprète dans *Starmania* le personnage de Stella Spotlight, la star déchue. Fabienne Thibault, complice, elle aussi, de Luc Plamondon dont elle a chanté le célèbre *Conversations téléphoniques*, joue le rôle de Marie-Jeanne et elle prête sa voix cristalline aux airs *Le monde est stone*, *Les Uns contre les autres* et *La*

Complainte de la serveuse automate. Quant à Claude Dubois, il obtient le plus gros succès de sa carrière avec *Le Blues du businessman*, qui le propulsera au sommet de tous les palmarès de 1979 et lui vaudra le Félix de l'interprète masculin de l'année.

Grâce à *Starmania*, Luc Plamondon est devenu le parrain de la chanson d'expression française outre-Atlantique. En travaillant avec lui, Céline s'inscrit enfin dans la lignée des grandes chanteuses québécoises. Son succès à l'étranger l'ayant éloignée de la reconnaissance de ses pairs comme si elle faisait bande à part. Interpréter *Starmania*, c'est un peu chanter l'hymne d'un pays, tellement cet opéra-rock a eu un immense retentissement. Depuis sa création, on n'a cessé de le jouer sur toutes les scènes. Un artiste qualifié d'avant-gardiste comme Lewis Furey l'a même mis en scène en 1994. Cette opération intelligente de la part de Céline lui permet non seulement de regagner le cœur des Français mais de conforter son public québécois. Certains, en effet, craignaient de perdre leur « p'tite » après la sortie de l'album en anglais. Rassurer le public, un souci toujours présent dans les esprits de René et de Céline.

Ce sera l'une de ses rares collaborations avec un auteur québécois, ses interprétations en langue française s'étant limitées, nous l'avons vu, à Eddy Marnay ainsi qu'à Didier Barbelivien (*La Religieuse*) et plus tard à Jean-Jacques Goldman, tous deux français de souche. Céline a beau être née au Québec, dans sa volonté de conquête, de par son répertoire, elle est sortie des frontières de la belle province. Mais, dans le même temps, elle en a assuré le rayonnement.

L'album, sorti au Québec sous le titre de *Dion chante Plamondon*, est baptisé en France *Des mots qui sonnent*. Y figurent quatre des titres les plus connus de l'opéra-rock : *Le monde est stone, Le Blues du businessman, Les Uns contre les autres* et *Un garçon pas comme les autres (Ziggy)*, « l'hymne des filles à pédés » comme l'écrit Hélène Hazera dans *Libération* (24 octobre 1995) (« Tous les soirs, il m'emmène danser/Dans des endroits très très gais/Où il a des tas d'amis/Oui, je sais, il aime les garçons/Je devrais me faire une raison/Essayer de l'oublier... »). On trouve aussi la chanson *L'amour existe encore*, l'une des premières écrites sur le sida. (« Pour t'aimer une fois pour toutes/Pour t'aimer coûte que coûte/Malgré ce mal qui court/Et met l'amour à mort. ») Le succès est immédiat : disque d'or et disque de platine dans les deux pays. La stratégie de René porte ses fruits. Il peut passer à l'étape suivante : imposer Céline dans le monde du cinéma.

Céline n'est pas une enfant de l'audiovisuel. Elle l'a souvent affirmé, trop affairée qu'elle était avec sa famille à chanter et jouer de la musique dans le restaurant de ses parents Le Vieux Baril. Mickey, elle connaît mais sans plus. En revanche, la jeunesse mondiale voue à la petite souris un culte sans borne. Les productions Disney vont bon train. La sortie de *La Petite Sirène* ou des *101 dalmatiens* engendre une abondance de produits dérivés. Hormis les classiques peluches, on trouve des stylos, des cahiers, des chemises, des cravates, etc. et des chansons. Les B.O.F. (Bande Originale de Film) rapportent gros. Très gros. René le sait.

Début 1991, Steven Spielberg entre en contact avec l'équipe Dion et propose à Céline d'interpréter la chanson du dessin animé *An American Tail : Fievel Goes West (Les Aventures de Fievel)*. René décline l'offre de Spielberg préférant travailler avec Disney. C'est à Sheena Easton qu'échoira le privilège de chanter pour Spielberg.

Quelques semaines plus tard, Céline reçoit la partition de *Beauty And The Beast (La Belle et la Bête)*, musique d'Alan Menken, paroles d'Howard Ashman. Produit par Walter Afanasieff et enregistré à New York au studio The Power Station, le duo Céline Dion-Peabo Bryson s'envole illico dans les charts, de Montréal à Melbourne, et lui permet de remporter un oscar, le 30 mars 1992, pour la meilleure chanson de film de l'année ainsi qu'un grammy pour le meilleur duo de l'année. Ce jour-là

Céline fête ses 24 ans. Douze millions d'exemplaires seront vendus.

Le choix de Peabo Bryson pour interpréter avec Céline *Beauty and the Beast* n'est pas anodin. De couleur noire, ayant précédemment travaillé avec Roberta Flack, chanteuse américaine de soul, Peabo Bryson permet à la « p'tite Québécoise » de se rallier la communauté *black* des États-Unis et d'Angleterre. Celle-ci a été déçue par Whitney Houston — une des seules superstars américaines comparables en terme de ventes à Janet Jackson — qu'on accuse de faire des « films de Blancs » *(Bodyguard)* et de chanter de la soul pour « petits Blancs ». De fait, lors des huit concerts qu'elle a donnés à Wembley en 1988, 90 % des spectateurs étaient blancs. Cette perte de son public originel fera réfléchir et réagir Whitney. En 1989, elle enregistrera le duo *It Isn't, It Wasn't, It Ain't Never Gonna Be* avec Aretha Franklin, sous la direction de Walter Afanassief et mixé par David Fraze. Et surtout entre 1995 et 1997, elle tournera deux longs métrages avec uniquement des acteurs noirs pour un public de Noirs : *Où sont les hommes ?* (1995) de Forest Whitaker avec Angela Bassett et Gregory Hines, le premier film sur des femmes noires et *The Preacher's Wife* (1997) de Penny Marshall avec Denzel Washington (inédit en France).

Mais en cette année 1991, il y a une place à

prendre et Céline s'engouffre dans la brèche. Durant toute sa carrière, elle n'aura de cesse de tenter d'attirer à elle de nouveaux publics dont celui des *blacks*. Sur les titres *Love Can Move Mountains* et *Call The Man*, elle sera entourée d'une chorale gospel. Chorale présente aussi à la basilique Notre-Dame le 17 décembre 1994, jour de son mariage avec René. En 1995, elle enregistrera, *You Make Me Feel Like A Natural Woman* de Aretha Franklin qui figure sur le *Tapestry Revisited Tribute Album To Carole King*. La démarche de Céline et de René est très simple : jouer à tout prix la carte de l'universalité et donc imposer Céline comme une star internationale à part entière.

Pendant cette période (91/92), elle conforte son contrat avec Sony Music International : 10 millions de dollars pour la production de cinq albums dans les dix années à venir. C'est le plus gros contrat jamais signé par une artiste canadienne.

Dans la foulée, elle accepte de participer à une mini-série pour la télévision canadienne, *Des fleurs sur la neige*, dans laquelle elle interprète le rôle principal d'après l'histoire authentique d'une petite fille battue et abusée par ses parents. « Ce furent deux mois de tournage difficile parce que je jouais cette fille de l'âge de 16 ans à son mariage et à la naissance de ses enfants dont elle finit elle-même par abuser » (*Télé 7 Jours*, juillet 1995).

On peut s'interroger sur les raisons qui ont poussé Céline à jouer un tel rôle. Ce personnage pour le moins machiavélique est à l'opposé de l'image tellement parfaite qu'elle se donne depuis ses débuts. C'est presque de l'anti-Céline Dion ! Du mythe heureux qu'elle a bâti autour d'elle et dans lequel elle se plaît à évoluer, du rôle de Cendrillon transformée en princesse d'un coup de baguette magique par René Angélil, elle se transforme dans cette mini-série à la fois en mère marâtre et en fée Carabosse. Ses fans québécois ont dû être quelque peu déstabilisés !

Deuxième carton à Hollywood : la chanson du film *Personnel et confidentiel* (*Up Close And Personal*, production Disney) de Jon Avnet avec Robert Redford et Michelle Pfeiffer : *Because You Loved Me* produite encore par David Foster et écrite par Diane Warren. La fièvre de Beverly Hills la poursuit. A la télévision, la promotion du film s'effectue grâce à la chanson. Résultat, le premier week-end après la sortie du film, le box-office enregistre un bénéfice de 11 millions de dollars. Il est vrai que Coolio avec *Gangsta's Paradise (Dangerous Minds)* et Whitney Houston avec *I Will Always Love You* — 30 millions de copies — *(Bodyguard)* avaient déjà bel et bien ouvert la voie. Hollywood se frotte les mains. En 1993, elle enregistre avec Clive Griffen *When I Fall In Love*, la chanson du générique du film *Sleepless*

Night In Seattle qu'elle interprète dans tous ses concerts et que l'on peut voir notamment sur la vidéo du concert enregistré à Québec au Théâtre Capitole en 1995 (Columbia). Devant son public, francophone, elle ne s'exprime qu'en anglais et les spectateurs québécois, d'habitude si sourcilleux sur la défense de la langue française, ne semblent pas offusqués. Sous leurs yeux, ils ont déjà une superstar mondiale et ils se retrouvent dans cette volonté de conquête du marché anglo-saxon. La vidéo est prévue pour une diffusion mondiale et le public joue le jeu comme si on pardonnait tout à Céline, même de ne plus s'adresser dans sa langue d'origine à ceux qui l'ont vue naître au succès.

Le Japon ne l'a pas oubliée. Après son trophée remporté au Yamaha Festival en 1982, elle prête sa voix à la chanson du téléfilm *Koiboto Yo (My Dear Lover)*, intitulée *To Love You More*, produite une nouvelle fois par David Foster. Le résultat ne se fait guère attendre : la chanson est numéro un. C'est la première fois en douze ans qu'une artiste étrangère atteint une telle place dans les hit-parades nippons. La dernière fois, c'était Michael Jackson avec *Beat It*.

Plus de doute. Grâce à ce passage dans l'industrie cinématographique, elle a imposé son nom en Amérique et dans le reste du monde. Désormais, elle est prête pour sortir son deuxième album en langue anglaise, simplement intitulé *Celine Dion*. L'américanisation est totale. Pour preuve, l'accent aigu de son prénom est volontairement effacé. On ne le retrouvera sur aucun autre album. La promotion en dit long : « *Remember the name because you'll never forget the voice* » (« Souvenez-vous de son nom car vous n'oublierez jamais sa voix »). Pour la première fois, Céline montre ses jambes sur la pochette de l'album. Une volonté évidente de prouver qu'elle a définitivement tourné la page de la gentille adolescente. Céline se veut « glamour », femme fatale vouée à la séduction. Langoureusement assise sur une chaise, sa main droite soutient son visage pensif. Parmi les titres phares, citons : *With This Tear*, écrite par Prince. Une collaboration avec le roi de la *funk* (ils ont le même avocat) qui en dit long sur les alliances de Céline dans le domaine artistique, passage obligé pour imposer son nom aux États-Unis.

Dans *Le Monde* du 31 janvier 1996, Véronique Mortaigne n'hésite pas à ironiser sur ce mariage de deux artistes aux antipodes l'un de l'autre : « Seul le succès vole au secours du succès » finalement assez proche d'une autre maxime : « On ne prête qu'aux riches » ! Les paroles sont beaucoup plus directes et les rythmes plus saccadés : « *With this tear/I thee want/I long 4 u 2 talk 2 me like u did/That night in the restaurant* » (« Avec cette larme/Je te veux/Je bois d'avance tes paroles/Comme l'autre soir au restaurant »).

Sur la chanson *Halfway To Heaven*, on remarque la présence au saxophone soprano du playboy à la longue chevelure bouclée, Kenny G, passé maître en l'art de la musique d'ambiance style aéroport. Son album, *Breathless* (Arista/BMG), sorti en 1992 est produit par David Foster et Walter Afanassief. Et comme par enchantement l'air *By The Time This Night Is Over* est interprété par Peabo Bryson, Monsieur *Beauty and the Beast*.

Autre titre important du deuxième album de Céline en anglais : *Love Can Move Mountains* (« L'amour déplace les montagnes ») composé par Diane Warren. C'est cette chanson qu'elle interprétera devant Bill Clinton le jour de son investiture, le 19 janvier 1993 au Kennedy Center de Washington D.C. Pour le plus jeune Président de l'histoire des États-Unis (47 ans), le premier Président rock'n roll à être plus jeune que Mick Jagger, Paul Mc Cartney et Elton John, le premier à rouler en Ford Mustang 1966 décapotable, bleu métallisé, le premier à jouer du saxophone, fan d'Elvis Presley et de... Céline Dion, il fallait une chanson symbolisant à la fois l'énergie, la force, le courage et la sagesse, qualités indispensables pour tout homme de pouvoir fraîchement élu. Mais aussi la notion de rêve américain et de croyance en Dieu (*Help me God* clôture le serment de fidélité à la Constitution des États-Unis). Cette chanson aborde tout cela : « *There ain't a dream that don't have the chance/To come true now* (Nos rêves peuvent se réaliser) (...) *Believe in your heart* (Si on écoute son cœur)/*Oceans deep and mountain high/They can't stop us* (Ni la profondeur des océans ni la hauteur des cimes ne nous arrêteront)/ *With a little faith/Just a little trust* (Il faut avoir la foi/Et confiance en soi). »

L'année 92/93 est une année de promotion. Céline n'a que 24 ans et elle part en tournée avec l'as des *crooners* américains, Michael Bolton, passé expert en reprises en tout genre dont les tubes *When A Man Loves A Woman, Georgia On My Mind* et *A Love So Beautiful,* figurent dans la discothèque de tous les dragueurs professionnels. Michael et Céline appartiennent, il est vrai, à la même maison de disques, Sony. Et bon nombre des titres de l'album de Michael, *Greatest Hits 1985-1995,* sont produits par les excellents David Foster et Walter Afanassief. A noter également la collaboration de Diane Warren sur *How Can We Be Lovers* et *Time, Love And Tenderness.*

Entourée de telles stars américaines (Kenny G et Michael Bolton), Céline fait partie de la « famille ». Une intronisation en grande pompe ; tapis rouge déroulé sur des kilomètres. On lui fait confiance, elle joue désormais dans la cour des grands. De plus, elle se donne à fond et assure brillamment la promotion en participant à toute une série de shows télévisés. En invitant Céline Dion à « Good Morning America », le grand show du matin sur *ABC* aux États-Unis, on invite une valeur sûre puisqu'elle est parrainée par des artistes qui depuis longtemps ont fait leurs preuves. Grâce à eux, elle peut aller de l'avant.

Imposer son nom, son visage au public américain : la tactique est idéale pour préparer la sortie de son troisième album aux États-Unis, *The Colour Of My Love*. Un album plus dynamique que les précédents surtout avec les titres *Misled, Think Twice* ou *Refuse To Dance* beaucoup plus rythmés. La batterie plus présente que jamais marque ce souci d'entrer par la grande porte dans le temple du rock. Toute de soie vêtue, les jambes croisées sur un fauteuil en velours, le regard de côté, un ventilateur en panne à gauche, la pochette annonce un album chaud. Sentiments, sentiments, Céline est amoureuse. Tantôt Don Juanne, tantôt victime, elle laisse son cœur parler librement. Elle se lâche. A travers ses chansons, elle prône la cause des femmes libérées. La critique américaine ne s'y trompe pas et loue sa franchise n'hésitant pas à comparer Céline Dion à Annie Lennox et à Madonna ! Les textes sont moins romantiques, plus percutants. Céline chante la désillusion, la déception en amour. *The Colour Of My Love* est certainement son meilleur album à ce jour, le plus abouti, le plus harmonieux, le plus complet dans sa quête d'amour.

Céline n'est plus dupe, plus rien ne l'impressionne, surtout elle n'a plus peur d'elle-même. Comme si elle avait fait le tour de la question et avait tout compris. Pour la première fois, elle chante des textes sur la difficulté d'aimer : une entreprise difficile, faite de don de soi et de lucidité. Si ça ne marche pas, il faut se remettre en question car la vie continue. De toute façon, il ne faut rien attendre des autres et on est toujours seul. Si on ne trouve pas le grand amour, butiner n'est finalement pas si mal à condition ne pas sortir trop blessé d'une histoire. Céline se fait philosophe dans la chanson *Misled* et avoue qu'il existe différents degrés d'amour dont celui de l'aventure : « *Oh I learned early/Never to ignore the signs/You'll be forgiven/It ain't worth that much to my mind...* » (« J'ai vite compris/On ne joue plus avec moi/Je te pardonne/C'est pas si grave, t'inquiète pas, j'en ferai pas une maladie... »). « *Just a page in my history/Just another one of those mysteries/One more lover that used to be/If you're think you're in my head/You're seriously misled* » (« Un nouvel épisode de ma vie/Encore une nouveauté/Un amant de plus/Si tu crois que je ne pense qu'à toi/T'as rien compris, t'as tout faux... ») On croirait presque entendre les paroles de la chanson de Gloria Gaynor, *I Will Survive!* (« *At first I was afraid, I was petrified/Thinking I couldn't live without by my side/After spending nights/Thinking how you did me wrong/I grew strong/I learned how to get along!* » — « Je vivais dans la peur au début/J'étais terrifiée/Pensant bêtement que je ne pouvais pas vivre sans toi/Après des nuits sans sommeil/Refaisant le film de notre histoire dans ma tête/Je suis devenue forte/Je vis très bien sans toi ! »)

En tout cas, le premier single de l'album, une nouvelle version de *The Power Of Love*, sera numéro un pendant quatre semaines dans le Billboard. (« *The whispers in the morning/Of lovers sleeping tight/Are rolling like thunder now/As I look in your eyes* » — « Les soupirs des amants à l'aube/Profondément endormis/Sont plus forts que le tonnerre/Dès que je pose les yeux sur toi ») « *We're heading for something/Somewhere I've never been/Sometimes I'me frightened/But I'm ready to learn/Of the power of love* » — (« J'entre dans un univers qui m'échappe/J'ai peur/En même temps, je veux connaître chaque frontière de l'amour »).

Charles Alexander, le redouté critique de *Time Magazine* (28 février 1994), ne tarira pas d'éloges : « La puissance de cette chanson... c'est l'interprétation exceptionnelle de Céline. Sa façon de transformer une ballade niaiseuse en une aria pop. Sa voix passe du simple chuchotement à des aigus irrésistibles. C'est la voix d'une sirène qui réussit à combiner la force et la grâce. » Dans *TV Times*, Céline ajoute : « D'accord, je parle d'amour tout le temps. Qu'y a-t-il de plus beau à chanter ? » (4 décembre 1993).

Avec *The Colour Of My Love*, Céline reçoit au Canada un disque de diamants. Dans le monde entier, il s'en vendra plus de 12 millions d'exemplaires. Un record ! Dans l'équipe de production, on retrouve les fidèles : Diane Warren, David Foster, Chris Neil, Walter Afanassief et bien entendu René Angélil auquel l'album est dédié. Pour la première fois, Céline annonce au grand jour que l'amour de sa vie, c'est René. Une dédicace qui fera taire ceux qui s'interrogent sur la vie intime de la star.

7

Céline côté cœur

« 'Cause I'm your lady
And you are my man
Whenever you reach for me
I'll do all that I can. »

The Power of Love
(Gunther Mende, Candy DeRouge,
Jennifer Rush, Mary Susan Applegate)

« *For so many years, I've kept our special dream locked away inside my heart... But now it's getting too powerful to keep this inside of me... So after all these years, let me paint the truth, show how I feel, try to make you completely real... René, you're the colour of my love.* » (Pendant des années, j'ai gardé au fond de mon cœur notre rêve... Aujourd'hui, c'est trop fort, il faut que le monde le sache... Après tant d'années, permets-moi de peindre la vérité, te dire ce que je ressens, je veux que tu existes en pleine lumière... René, la couleur de mon amour, c'est toi), lit-on sur la pochette de *The Colour Of My Love*.

Plus de doute, Céline aime, elle ne veut plus s'en cacher. Celui qu'elle a rencontré à l'âge de 13 ans, devenu successivement son manager, son grand frère, son producteur, son pygmalion et enfin son mari est de vingt-six ans son aîné. Les journalistes ne se gênent pas pour dire qu'en épousant Céline, René est passé de 15 % de commission (en tant que gérant de la carrière de la chanteuse) à 50 % sur l'ensemble des revenus de Céline... !

« Cette alliance est somme toute logique, déclare Eddy Marnay. Céline n'a plus vu que René depuis l'adolescence. Elle avait besoin de croire en quelqu'un. Elle lui doit tout. C'est lui qui lui a ouvert la voie vers le succès. René a toujours été amoureux du talent de Céline, et Céline a toujours été émerveillée par la chaleur et la disponibilité de René. Ils avaient une telle complicité qu'il ne pouvait en être autrement. » Cette vie en vase clos, cette quasi-osmose professionnelle entre Céline et René rendaient leur idylle presque inévitable.

On ne lui connaît à ce jour aucune autre histoire. Ses amitiés ne sont pas étalées non plus sur la place publique. L'animatrice de télévision Sonia Benezra est l'une des rares à pénétrer dans l'enceinte Dion. Tout comme la carrière de Céline est contrôlée par René Angélil, sa vie privée est verrouillée et peu d'éléments « croustillants » font les gorges chaudes de la presse canadienne. D'autant plus étonnant qu'en territoire américain, la presse a l'habitude d'être plus percutante que la presse française, et n'hésite pas à révéler — ou à créer même, parfois — des scandales. A part son mariage et son désir d'enfant maintes fois abordés, la vie de Céline ne ressemble en rien à celle de Madonna dont les frasques défrayent la chronique. Manifestement Céline mise tout sur sa carrière, peu de temps est laissé à sa vie privée. En tout cas, rien ne filtre.

Il est facile d'insinuer qu'en épousant René, son pygmalion, elle se lie officiellement à son père spirituel. Si c'est vrai, elle ne sera pas la première. L'exemple le plus éloquent étant celui de Mariah Carey. En 1988, celle-ci âgée de 18 ans rencontre Tommy Mottola, 39 ans, le président de Sony Records. Comme Céline l'avait fait avec René, Mariah apporte une cassette à Tommy. C'est le coup de foudre. Tommy Mottola facilitera la carrière de sa protégée qu'il épousera cinq ans plus tard. En neuf ans, Mariah Carey a vendu dans le monde plus de 80 millions d'albums. Mottola lui fait construire un château de 15 millions de dollars au nord de New York. Léger bémol dans ce conte de fée : la belle s'est échappée de l'emprise de son mentor. Elle est retournée chez maman ! « Tommy m'a donné une carrière, avoue-t-elle. Mais pour ce qui est de l'aventure amoureuse, c'est bien fini. On a tout essayé mais ça ne marche pas. » (*Échos Vedettes*, 31 mai au 6 juin 1997).

« Vers 17-18 ans, déclare Céline, j'ai compris que j'étais amoureuse de René. Mes sentiments à son égard avaient évolué, les siens aussi... Je l'aime tellement fort que parfois, ça me fait peur. » (*Télé Loisirs*, octobre 1995). C'est justement quand Céline avait 17 ans que René l'a retirée du circuit, lui a fait apprendre l'anglais, a changé son apparence physique, lui a fait couper les cheveux. L'adolescente fraîche et naïve s'est métamorphosée en femme épanouie, prête à affronter le marché américain.

Le soir des 24 ans de Céline, le 30 mars 1992, René lui demande sa main et lui offre une bague de fiançailles, un magnifique diamant en forme de poire de six carats du joaillier Cartier. Il leur faudra deux ans avant d'officialiser leur union. Non seulement Céline et René vivent au quotidien l'un avec l'autre mais René a des enfants de l'âge de Céline. L'aîné, Patrick, a deux mois de plus que Céline ; le deuxième, Jean-Pierre, six ans de moins et la fille de René, Anne-Marie, neuf ans de moins que Céline. Cette joyeuse équipe a grandi ensemble. « Je ne savais pas quelle serait leur réaction en apprenant la nouvelle. Je craignais qu'ils m'en veuillent », dira Céline. Souci justifié qui n'a pas dû laisser les enfants de René insensibles à cette union. De statut de « bonne copine », Céline est devenue leur bellemère ! Même s'il s'agit d'une histoire d'amour entre René et Céline, on peut imaginer que les enfants ont eu de quoi perdre quelques repères.

Autre frein à l'officialisation de leur union : la peur de la réaction du public. « Pour moi, il est important de savoir ce que les gens pensent. Je ne voulais pas les blesser. J'étais sûre qu'ils auraient préféré que j'épouse un prince charmant de mon âge... Mais ayant toujours tout partagé avec eux et mon amour pour René étant le plus important à mes yeux parce que je bâtis tout autour, confiera-t-elle à *Envoyé Spécial*, ils vont accepter mon bonheur ; s'ils ne l'acceptent pas, c'est que les liens d'amitié que nous avons tissés depuis des années ne sont pas vrais. »

Dernier obstacle à lever pour officialiser leur amour : René est marié. Ce n'est qu'après son deuxième divorce (il quitte sa femme en 1985) et l'annulation par le Vatican de son premier mariage que, le 17 décembre 1994, il épousera en grandes pompes Céline à la basilique Notre-Dame de Montréal. Profondément croyante, il était important pour Céline de se marier à l'église. On sait combien il est difficile d'obtenir l'annulation d'un mariage par le Vatican. La liste des postulants est tellement longue qu'il faut souvent attendre des années. Or, René, à la différence de Céline qui est catholique romaine, appartient à l'Église melkite, un rite oriental uni à Rome, ce qui facilitera ses démarches. René a ainsi eu gain de cause à la faveur de ses origines et non pas parce qu'il désirait épouser une star.

« Le mariage de Céline s'est passé comme celui de n'importe quel autre couple, nous a raconté Monseigneur Poirier. Tout a commencé avec une tierce personne qui est venue me demander si telle date était libre pour leur union. Je lui ai répondu : écoutez, ce n'est pas à vous de me poser la question mais à Céline et René. Le mariage est une grande décision, une grande responsabilité. Eux seuls doivent faire les démarches. Le soir même, je recevais un appel téléphonique de René. Je ne lui avais toujours pas donné mon accord lorsque j'apprends par la télévision l'annonce du mariage prévu le 17 décembre!!! Je rappelle René à New York, lui fais part de mon étonnement. Et lui, se confondant en excuses, m'explique que la pression de la presse est telle qu'il n'a pas pu faire autrement. Je comprends bien mais la décision doit venir de moi, lui ai-je répondu. Je les ai donc convoqués tous les deux. Habituellement dans la discipline diocésaine, un mariage ne se fait qu'au terme de trois rencontres entre le prêtre et les futurs époux dont une session en commun avec d'autres couples. Vu leurs engagements à l'étranger et leur notoriété, je les ai dispensés de cette dernière, remplacée par une prière.

« Céline et René sont très croyants. Autant les deux premiers rendez-vous ont été "classiques" et j'ai pu me rendre compte de leur foi profonde, la dernière rencontre a été particulièrement émouvante. Ensemble, nous sommes allés nous recueillir chez les Carmélites. La Mère Prieure m'a confié qu'elle avait été émerveillée par le sérieux de leurs prières. »

En ce 17 décembre 1994, le Québec s'emballe et parle de mariage princier. La presse n'hésite pas à comparer Céline à Lady Di (*Toronto Star*, 18 décembre 1994). Pas moins de huit cents personnes ont été réquisitionnées pour préparer la cérémonie qui aura coûté 500 000 dollars (600 dollars rien qu'en frais postaux, 100 000 dollars de fleurs).

Dès huit heures du matin, des centaines de fans se pressent devant les barricades installées aux abords de la basilique de style néogothique. Inauguré en juin 1829, cet édifice long de 77 m et large de 41 m abrite une des plus célèbres cloches du monde, le bourdon Jean-Baptiste, qui pèse 10 900 kg et provient de la Whitechapel Bell Foundry en Angleterre.

A quinze heures, René arrive en complet sombre et catogan. Suit un cortège de dix-sept limousines noires et six bus transportant les invités dont les parents, les treize frères et sœurs de Céline et les soixante-treize neveux et nièces. On compte en tout cinq cents invités. La mariée fait son entrée une demi-heure plus tard dans une Rolls Royce de couleur bordeaux, escortée par douze voitures de police. Sa robe en soie et sa tiare incrustée de perles qui maintient une traîne de dix mètres de long sont l'œuvre du désigner Mirella Gentile. Céline porte aussi un voile et un fourreau en vison blanc. « Je lui avais demandé une robe de princesse comme dans les contes de fée. C'était parfait, sauf la tiare trop lourde ! », confiera-t-elle.

René pénètre dans la basilique sur un air de trompettes d'Henry Purcell. Des extraits de *Lohengrin* de Richard Wagner saluent l'entrée de Céline. Ses huit sœurs, les demoiselles d'honneur, sont debout, alignées. « En la voyant, raconte Pauline Dion, on s'est toutes mises à pleurer. Les images de notre enfance défilaient dans nos têtes : les soirées d'hiver, nos difficultés à assumer le quotidien, le courage de nos parents et la joie de se retrouver tous ensemble une nouvelle fois pour le mariage de la p'tite, de notre poupée. L'émotion était à son comble. »

L'homélie de Monseigneur Poirier porte sur Zachée, chef des publicains de Jericho et collecteur d'impôts. Converti par Jésus, il donne l'ensemble de ses biens aux pauvres. « Votre amour, c'est un partage. Votre fidélité, c'est un partage. Vos biens, vous devez les partager. » Vient ensuite l'échange des consentements : « René, voulez-vous prendre Céline comme épouse pour l'aimer fidèlement aux jours de bonheur comme aux jours difficiles, tout au long de votre vie?

— Oui je le veux. »

S'adressant à Céline : « Céline, voulez-vous prendre René comme époux pour l'aimer fidèlement aux jours de bonheur comme aux jours difficiles, tout au long de votre vie?

— Oui je le veux.

Seigneur, bénis Céline et René, sanctifie-les dans leur amour; et puisque ces alliances sont le signe de leur fidélité, qu'elles soient aussi le rappel de leur amour. Par le Christ, notre Seigneur. Amen. »

Pour la cérémonie religieuse, René et Céline ont choisi des airs des plus classiques : *Remember* interprété par le Montréal Jubilation Gospel Choir, *Ave Maria* de Franz Schubert, *Adagio* en sol mineur de Tomaso Albinoni, des chants gospel et des extraits de *Songe d'une nuit d'été* de Félix Mendelssohn.

La foule venue en masse attendait la venue de Michael Jackson, de Michael Bolton, d'Elizabeth Taylor, de Barbra Streisand, de Mariah Carey et de... Bill Clinton. Nenni ! Seule personnalité à se joindre à la cérémonie : Brian Mulroney, Premier ministre canadien, accompagné de sa femme Mila que l'on huera à la sortie de l'église ! Au pouvoir de 1984 à 1993, le chef du gouvernement fédéral d'Ottawa était alors accusé par la presse d'avoir touché 5 millions de dollars à l'occasion de l'achat de trente-quatre Airbus A320 par Air Canada. Il sera ensuite lavé de tout soupçon et des excuses publiques lui seront présentées.

Les festivités ont lieu au Westin Mont-Royal, construit en 1976 à l'occasion des Jeux Olympiques, devenu depuis le palace des stars en visite à Montréal : Claudia Schiffer, Tina Turner, Madonna, David Bowie, Luciano Pavarotti, Patricia Kaas, Janet Jackson, Elton John, etc. Céline et René ont réservé cent soixante-quinze chambres pour leurs invités : la famille proche et leurs amis. Tout le premier étage a été redécoré par Dick Walsh, organisateur de défilés de mode et par le fleuriste Robert Pettigrew. Une arche de roses blanches recouvre la cage d'escalier qui monte au premier étage, des petits miroirs pendent aux branches accrochées le long du couloir qui mène au salon Pierre de Coubertin où l'on sert du champagne rosé Lanson et des Martini. Dans la salle de bal, des tables de dix personnes avec les initiales C.R. (Céline/René) brodées sur les nappes et serviettes. Pour les enfants des invités, un gigantesque arbre de Noël chargé de cadeaux (d'une valeur de 16 000 dollars canadiens) trône dans l'Atrium. Un orchestre de quarante musiciens sous la baguette de David Foster fait valser les invités dans la discothèque baptisée « Céline » jusqu'à six heures du matin.

Les journalistes et photographes ne sont pas autorisés à participer à la cérémonie ni à goûter au menu savamment orchestré par le maître des lieux, Normand Leblanc : fines lamelles de saumon fumé aux cinq poires et petit tartare de saumon à la quenelle de caviar ; ravioles au confit de canard de Brome et son velouté à l'oseille ; jambonnette de volaille aux cèpes et sa poitrine dorée à la lavande servi avec des pommes de terre en galette et petits légumes ; bouquet fraîcheur et son duo de chèvre chaud à la fleur de thym, tarte de banon de Provence à l'anis et crottin de Chavignol ; trio de sorbets en tulipe, éventail et petite paille en chocolat, garniture de framboise, coulis de framboise, feuille de Noël en sucre, gâteau croque-en-bouche avec boucles en sucre.

En cuisine, trente-cinq chefs s'activent aux fourneaux tandis que soixante serveurs vont et viennent dans les salons et soixante agents de sécurité montent la garde. A part un journaliste du *National Enquirer* qui a réussi à se faufiler parmi les invités, aucun débordement n'est enregistré. Pourtant cette nuit du 17 au 18 décembre, on a ouvert 420 bouteilles de chardonnay blanc, 240 bouteilles de cabernet sauvignon et 192 bouteilles de champagne rosé.

En habile homme d'affaires qu'il est, René a négocié un contrat de 200 000 dollars canadiens avec le journal québécois *7 Jours* pour l'exclusivité du reportage et surtout la publication d'un album-souvenir que l'on s'arrachera à 6,95 dollars (soit environ 30 FF). En guise de cadeau de mariage, les époux ont demandé à leurs invités de faire des dons à l'Association Québécoise de la Fibrose Kystique dont Céline est la présidente d'honneur. Pour les remercier de leur geste, ils ont chacun reçu de la part de René un chèque de 3 000 dollars canadiens pour jouer au casino.

Deux ans plus tard, le 18 décembre 1996, à un jour près de leur union, Céline et René organisent une nouvelle réception à l'hôtel Westin Mont-Royal, devenu leur séjour de prédilection chaque fois qu'ils sont en visite à Montréal. Une carte d'anniversaire de mariage géante est remise aux époux par un groupe d'employés qui avaient œuvré à « la noce du siècle » et sur laquelle on peut lire : « Deux ans déjà... à célébrer avec éclat ! Trois cents bisous de tous les employés de l'hôtel Le Westin Mont-Royal qui revivent, avec vous, votre belle histoire d'amour. Joyeux anniversaire Céline et René. » Afin de souligner cet événement « magique », la direction de l'hôtel a préparé une surprise aux deux tourtereaux. « Nous avons recréé le décor authentique de la réception de mariage dans la suite que le couple occupe. La photo de mariage, le bouquet de la mariée, les cinq bougies (le chiffre chanceux de Céline), tout a été pensé », précise Normand

Leblanc, directeur de la restauration. Une féerie de lumières et de fleurs par Pierre Pettigrew orne la suite présidentielle, la cage de l'escalier qui mène à la chambre nuptiale est complètement recouverte de roses rouge passion ! Pour couronner le tout, on sert le même menu qu'il y a deux ans !

La différence d'âge est-elle un souci pour Céline ? C'est une évidence. René est cardiaque et depuis leur rencontre il a été frappé à deux reprises par un infarctus. Le dernier remonte au 7 mai 1992 et s'est produit à Los Angeles. Alors qu'on a tendance à prendre Céline pour quelqu'un peu capable d'initiative, c'est elle qui l'a emmené à l'hôpital. Le soir même, elle prenait seule l'avion à destination de New York pour continuer la promotion de son album.

On lui demande souvent si la mort lui fait peur. Elle répond : « La foi me protège un peu des angoisses. J'ai d'ailleurs décidé ce que serait mon enterrement. Tout y sera blanc, les draperies, les soieries... et ma robe ! » (*Le Parisien*, 19 octobre 1995).

La question du futur bébé des époux Dion revient dans la presse de façon systématique. Viendra, viendra pas ? On sait que Céline aspire fortement à devenir mère. « Parfois, j'ai des visions. Je suis sous les projecteurs, en robe de grossesse. Ou alors, mon enfant jaillit des coulisses. C'est très net dans ma tête. Je veux un bébé. Je l'emmènerai partout avec moi. » (*Madame Figaro*, 14 septembre 1996). « Pendant les tournées, raconte-t-elle également dans *Le Parisien*, René a ses trente téléphones pour le *business* ; moi, mon oreiller. Nos vies demeurent assez différentes ».

De plus, René n'est pas toujours présent à ses côtés. En octobre 1995, à l'occasion d'un concert à Marseille, elle était seule. René n'avait pu la rejoindre. Qu'importe ! On a installé un téléphone sur le plateau et, grâce à un assistant qui tenait le combiné, il a écouté, depuis son bureau à Los Angeles, les cent dix minutes du récital ! Il est évident que prise dans la spirale du succès, Céline a du mal à prendre le temps de s'arrêter pour concevoir le bébé tant désiré.

8

Jean-Jacques a dit

« Il a su les codes
Et donner les bons mots de passe. »

Le Ballet
(Jean-Jacques Goldman)

L'album *D'Eux* composé par Jean-Jacques Goldman marque le retour incontestable de Céline Dion en France. Un retour amorcé déjà avec la sortie de son *Live à l'Olympia* (1994). Comme Olivier Montfort, Président de Columbia France le confiera à Chuck Taylor (*Billboard Magazine*, 9 novembre 1996), il devenait nécessaire de repositionner Céline en tant qu'artiste de scène. Il l'avait vue à maintes reprises en concert au Québec. Chaque fois, il sortait médusé par l'énergie de l'artiste et les applaudissements du public. Comme il l'avait fait pour Jacques Dutronc en sortant un *live* qui avait fort bien marché, Olivier Montfort a convaincu René Angélil d'en faire autant avec Céline. « Ce n'était pas difficile car pour Céline réussir en France tournait à l'obsession. Enregistré les 28 et 29 septembre à l'Olympia de Paris, mixé au Canada, l'album est sorti pour les fêtes. Un avant-goût du raz-de-marée Goldman ! »

Dis-moi Céline, le reportage réalisé par Éric Perrin et Bernard Puissesseau pour *Envoyé Spécial* et diffusé le 19 octobre 1995 sur *France 2* le démontre. L'impact de cette émission a été considérable parmi les téléspectateurs. Programmée en *prime time* à vingt heures cinquante, elle a permis de faire découvrir les coulisses de la carrière de Céline, sa famille, son entrée en studio avec Jean-Jacques, les embrassades avec les fans, sa visite chez un laryngologue de Los Angeles, le docteur Edward A. Kantor, collectionneur de disques d'or offerts par ses patients : Michael Jackson, Elvis Presley, Whitney Houston, Frank Sinatra, les Beatles. Pour la première fois, on voyait le déroulement de la vie de Céline : un tourbillon. Dès le lendemain de la diffusion, les ventes de l'album *D'Eux* grimpaient en flèche. Il s'en vendra jusqu'à 57 000 par jour !

Pour bien comprendre cette alliance fructueuse entre les deux artistes, il faut situer Jean-Jacques Goldman dans le contexte français du marché du disque. Christian Eudeline, critique musical, explique : « Goldman accumule les disques de diamant (ventes supérieures à un million de copies pour les albums *Positif* et *Rouge*). Il a déjà travaillé avec les plus grands interprètes français : Johnny Hallyday (*Je te promets, Laura, Je t'attends,*

L'Envie), Patricia Kaas (*Il me dit que je suis belle*), Florent Pagny (*Est-ce que tu me suis?*, *Si tu veux m'essayer*). Il remplit Bercy sans problème. C'est le plus grand auteur-compositeur-producteur français depuis Michel Berger. Avec qui peut-il encore travailler? Le marché français est petit, saturé. Il y a bien Francis Cabrel mais lui aussi est auteur-compositeur-producteur. Donc, difficile d'envisager quoi que ce soit avec lui. Quant à Michel Sardou, il demeure fidèle à Didier Barbelivien. Jean-Jacques n'a pas vraiment d'autre choix que de collaborer avec Céline Dion devenue la seule ambassadrice (avec Patricia Kaas, quoique à une moindre échelle) de la musique française ou plutôt francophone à l'étranger. En plus Céline marche de mieux en mieux aux États-Unis. C'est peut-être pour lui l'occasion de percer là-bas. Autre élément à prendre en considération : Céline et Jean-Jacques appartiennent à la même maison de disques, Sony. *Exit* les contrats compliqués. Tout se passe en famille, c'est tellement mieux ! »

La carrière de Céline stagne en France depuis une dizaine d'années. Les Français demeurent chauvins, ils aiment la chanson française, chantée par des Français. Les albums de Céline en anglais n'ont pas reçu un excellent accueil. Comme si les Français vivaient son aventure américaine comme une trahison. On remarque le même phénomène avec Julio

Iglesias. Tant qu'il chantait en espagnol ou dans une langue latine, ses disques se vendaient très bien dans l'hexagone. Dès l'instant qu'il s'est exilé en Floride et a commencé une carrière américaine en enregistrant des duos avec Frank Sinatra, Willie Nelson, Aretha Franklin, etc., et qu'il a sorti des albums en langue anglaise, les Français l'ont boudé. Résultat, il n'a pas donné de concerts à Paris depuis celui de décembre 1988 au Grand Rex. Il a fallu attendre les albums en espagnol *La Carretera* (1995) et *Tango* (1996) pour qu'on parle à nouveau de lui. Mais comme Céline, on le reçoit royalement à Las Vegas où il fait salle comble tous les mois d'août.

En travaillant avec Jean-Jacques, Céline naît une deuxième fois en France et acquiert tout à coup la crédibilité qui lui faisait défaut jusqu'alors. Dans ce mariage artistique, Céline et Jean-Jacques sont tous deux bénéficiaires.

La rencontre se produit lors d'une soirée au bénéfice des Restos du Cœur en 1994. Les années 90 furent marquées par l'engagement d'artistes au côté d'organisations humanitaires. Un tournant déjà amorcé en 1988 par Michael Jackson et Quincy Jones avec leur chanson *We Are The World*, hymne à la fraternité. Les artistes tendent la main et ne demeurent pas indifférents aux problèmes de la faim dans le monde, du racisme et de l'écologie. Ils prennent en quelque sorte le relais des politiques que l'opinion jugée incapables d'agir. Surtout, ils marquent leur nette opposition à la *bof* génération et à la *yuppie* génération, individualiste et matérialiste. Les concerts de type *Live Aid* menés par Sting, Peter Gabriel ou Johnny Clegg sont retransmis *via* satellite sur l'ensemble de la planète. La France, elle, voit l'émergence de manifestations comme les Restos du cœur ou Sol en si. Céline, comme ses pairs, participe à cet élan mondial, cette prise de conscience universelle des problèmes de l'humanité.

Lors de la soirée des Restos du cœur en 1994, elle chante en duo avec Jean-Jacques *Là-bas*, un titre enregistré six ans plus tôt avec la jeune artiste d'origine indienne Sirima. Un déjeuner suivra au cours duquel Jean-Jacques confie à Céline son envie de lui écrire quelques chansons. Du Québec, il fera venir toute une documentation sur l'artiste, ses goûts, ses aspirations. Il visionnera tous ses clips, ira la voir en concert.

La voix de Céline l'impressionne : « C'est une interprète hors du commun. Je la situe dans la cour des très grandes : Barbra Streisand et Aretha Franklin. » Dans les colonnes de *Télé 7 Jours* (juillet 1995), il affirmera : « Une chanson au début, c'est juste une idée, une supposition qui s'entête, un souffle. Et le passage de l'imaginaire à la réalité, l'enregistrement, est toujours éprouvant pour celui qui l'a conçue. Difficile de matérialiser un rêve. Sauf exception parce qu'il existe quelques voix, très peu, vite décelées, vite reconnues, qui ont cette grâce, ce pouvoir d'ajouter au souffle. Céline est une de ces grandes voix. » Logique, sa voix couvre cinq octaves. Dans le monde de la variété, c'est une exception.

Sept mois plus tard, ce n'est pas quatre chansons qu'il lui soumet mais douze ! Un album entier ! « Au départ, je voulais faire un disque pour une grande chanteuse traditionnelle francophone, à la Edith Piaf. En travaillant, je me suis rendu compte qu'elle était une chanteuse de *blues* francophone, ce qui est assez rare, et même une chanteuse de *rhythm'n blues*. Donc peu à peu, l'album a évolué », déclare Jean-Jacques à *Infomatin* (3 avril 1995).

Enregistré au studio Méga de Boulogne avec les musiciens de Jean-Jacques (Erick Benzi à la guitare, Christophe Deschamps à la batterie, Carole Fredericks aux chœurs), *D'Eux* est mixé à New York. Céline raconte dans *Envoyé Spécial* les séances en studio : « Quand j'enregistre, je fais en général sept, huit prises maximum. » Mais pour la chanson *Vole*, dédiée à sa nièce Karine morte de mucoviscidose à l'âge de 16 ans, l'enregistrement prend une toute autre tournure. « Je n'ai pas eu le temps de répéter. J'ai découvert la chanson en arrivant le matin au studio. Ce qui était fabuleux, c'est que Jean-Jacques avait su trouver les mots pour exprimer ce que je ressentais. On a fait une prise, puis deux, puis trois.

J'pouvais pas chanter, y'avait trop d'émotion au premier degré. Je voulais l'interpréter avec une émotion contrôlée. Nous sommes allés déjeuner. En rentrant, je leur ai dit : "J'suis prête." La première prise a été la bonne. »

Le succès de *D'Eux* repose sur la variété des thèmes et des mélodies. *Je sais pas* est ainsi l'exemple type de la chanson d'amour au tempo langoureux, bâtie pour grimper en haut des tops et hit-parades en tous genres : « Je sais les hivers, je sais le froid/Mais la vie sans toi, je sais pas. » *Le Ballet*, plus *rhythm'n blues*, est inspirée d'un chapitre de *Belle du Seigneur* d'Albert Cohen où Solal explique comment il va séduire la dame : « Il met ses plus beaux atours et du miel sur sa voix/Toi tu te fais velours et tes bijoux brillent sur toi/Il te dit poèmes et rêves et lointains voyages/Tu réponds Florence, peinture, impeccables images. »

Quant à *Regarde-moi*, à l'inspiration *boogie*, on imagine très bien notre Johnny national l'interpréter : « C'est comme une machine à fond de train/Une locomotive qui foncerait sans fin. » *La Mémoire d'Abraham*, composée après la lecture du livre de Marek Halter (Laffont, 1983), permet à Céline d'évoquer sa foi en Dieu : « Longue l'attente de l'heure/Lourde la peine en nos cœurs/Mais si grands notre amour notre foi en toi/Et difficile de te comprendre parfois. » Dans *Destin*, on retrouve la vie trépidante de la star sur des rythmes rock'n roll : « Je vais les routes et je vais les frontières/Je sens, j'écoute et j'apprends, je vois/Le temps s'égoutte au long des fuseaux horaires/Je prends, je donne, avais-je le choix ? ».

Véronique Mortaigne dans *Le Monde* du 29 avril 1995 résume *D'Eux* de la façon suivante : « Dion sous le regard de Goldman. Ils n'ont pris l'un de l'autre que ce qu'ils ont bien voulu considérer comme étant le meilleur d'eux-mêmes. Si l'un avait tiré la couverture à soi, le bateau aurait dangereusement gîté. Mais dans un équilibre sans bavure, *D'Eux* est devenu un produit artistiquement correct. »

Une tournée en France suivra avec cinq soirs au Zénith (où sera enregistré son *Live à Paris*) et un soir à Bercy (soit 38 622 spectateurs à Paris). Le prix de la place au marché noir frise les 3 000 F malgré des critiques sur l'aspect américanisé de ses concerts (« La performance est vocalement impeccable mais sous les caméras, cette succession de séquences sans surprises — séquence émotion, séquence frisson, séquence danse ou rock'n roll — ressemble un peu trop à une sorte de grand "Ushuaïa" audiovisuel », jugera Véronique Mortaigne, toujours dans *Le Monde*, mais cette fois du 31 janvier 1996).

Ses albums se vendent par millions. Toutefois

Céline s'exprime le mieux sur scène, c'est là qu'elle se sent libre. « J'adore ça parce que tous les jours, on me dicte ce que je dois faire. "N'oublie pas de dire telle chose aux journalistes" ; "Surtout tu n'en parles pas", etc. En concert, j'ai une paix royale, je fais ce que je veux parce que personne n'a le courage d'affronter franchement le public et de m'ordonner quoi que ce soit ! » (*The National Magazine*, 29 avril 1996). Certes, mais ce sentiment de liberté est tempéré par les contingences techniques. On sait bien que la marge de spontanéité et d'improvisation dans ce type de spectacle (écrans vidéos, éclairages sophistiqués réglés par ordinateurs) est plutôt limitée. Qui a eu le bonheur de la voir sur scène deux soirs d'affilée, a en fait assisté, à deux reprises, au même concert. La conversation apparemment improvisée avec le public où elle se raconte — repas en famille, débuts dans la chanson, l'interprétation de *What a feeling* d'Irène Cara tirée du film *Flashdance* et qu'elle ne comprenait pas parce qu'alors, elle ne maîtrisait pas l'anglais — revient ainsi chaque fois.

Sur scène, tout l'art de Céline consiste en un savant dosage de titres pour plaire à une majorité de spectateurs. Elle entre dans le noir chantant *a capella J'attendais* de Goldman (une forte introduction qui plaît toujours car on s'incline devant la performance). « La glotte, tout énamourée qu'elle soit des voix noires, ne renie pas son Québec : un soupçon de Ginette Reno (la façon de basculer du médium à l'aigu), un doigt de Diane Dufresne (le hululement amérindien) » note avec justesse le critique de *Libération* (24 octobre 1995). Et elle enchaîne toute de cuir vêtue avec *The Power of Love* qui lui vaut le sobriquet de « Barbarella » en *guest star* du prochain *Star Trek* : « Un monstre de technique servi par une sono glaciale » (*Journal du Dimanche*, 15 octobre 1995). Ruée immédiate vers le devant de la scène des jeunes qui ont payé les places les moins chères. Résultat, les premiers rangs ne voient plus rien et tout le monde se lève pour Céline. Spontanéité du public ou subtile astuce de mise en scène ? Suit *L'amour existe encore* sur une musique de Richard Cocciante, l'occasion pour Céline de s'envoler vers des notes aiguës applaudies par tous. Lui succède *Regarde-moi* signé Goldman sur un tempo plus rock'n roll. Retour à la francophonie avec *Ziggy*. Trois titres anglais de mieux plus tard, un autre Plamondon-Berger : *Le Blues du businessman*. Dion fait « secrétai-ai-ai-ai-ai-aire » comme une cantatrice pourrait le faire (« ai-ai-ai-ai-ai-aire »). Elle tombe la veste et l'on découvre ses épaules musclées. « Physiquement, poursuit Hélène Hazera, si Dion a une originalité, avec ses mains d'Anglaise, c'est ce long cou, toujours un peu baissé, comme une oie qui voudrait qu'on l'égorge. Le récital continuant, on oublie un peu les chansons sous la pression de l'organe, son pouvoir sur la foule. [...] Rappels. La Dion revient en robe longue noire façon Barbra Streisand avec *Quand on n'a que l'amour* de Brel. Et pour remercier tout le monde d'être venu, elle conclut sa grand-messe des beaux sentiments sur *Vole* ».

« A l'évidence, ce spectacle est parfait, lit-on sous la plume de Bertrand Dicale du *Figaro* (23 octobre 1995). Six musiciens et trois choristes au travail limpide, des arrangements soucieux d'efficacité, des éclairages autoritaires : la voix de Céline Dion est bien environnée (...) La voix est souple, la maîtrise technique spectaculaire, l'exécution superbe. Gentiment sexy, dansant avec une perfection toute nord-américaine, Céline Dion use d'un art de l'italique et de la majuscule qui se nourrit de mélodies écrites pour elle avec des à-pics avantageux, des tessitures propices au vertige. Là, elle joue de la soudaineté de l'émotion, du clinquant de la passion (...) Céline Dion échappe pour l'essentiel à nos catégories hexagonales. Elle incarne la victoire des nouvelles valeurs dans le monde de l'*entertainment* : après les temps où le sucre se devait d'être épais, les années 90 ont révélé une singulière qualité de velours, une suavité discrète, une sorte de sentimentalité qui craindrait d'être offensive. Ce mouvement général du goût — du sucre brut vers l'aspartame — combine le primat de la technique et le savant dosage des émotions. Cette beauté lisse, ces douleurs sages, ces félicités prudentes, c'est en Amérique la *soul* et l'*easy listening* édulcorés de leurs flots de miel, le triomphe de Whitney Houston, de Mariah Carey et des disques de Céline Dion. On lui sait gré de sa spontanéité toute québécoise qui allège un peu la perfection formelle du *show*, d'avoir ancré sa nouvelle gloire au solide travail de Goldman. D'avoir su garder un peu d'Europe dans sa majesté. »

Devant l'ampleur des ventes de l'album *D'Eux* (4 millions), et le taux de remplissage des salles de concert (15 villes soit 152 607 spectateurs payants), Sony n'a pas hésité à ré-éditer les premiers tubes de Céline : *Les Premières Années, Céline Dion Gold* et *Céline Dion Gold, vol. 2.*

Aux États-Unis, *D'Eux* sort sous le titre *The French Album*. En Angleterre, il est disque d'or. C'est la première fois qu'un disque en langue française obtient une telle récompense outre-Manche. Dans ses prestations télévisées, Céline met en avant le talent de Jean-Jacques Goldman. Le mariage artistique entre les deux artistes Sony est donc officialisé. Pour le meilleur.

Philippe Douste-Blazy remet à Céline les insignes de chevalier de l'ordre des arts et lettres dans le cadre du MIDEM 1996. Au moment où les radios françaises se voient imposé de diffuser 40 % de chansons francophones, le ministre de la Culture tient à saluer en Céline « une des meilleures ambassadrices de la langue française » !

Dans la foulée, elle commence l'enregistrement de son quatrième album en anglais : *Falling Into You*. Un enregistrement qui fera couler beaucoup d'encre chez les rock critiques américains.

9

Le piège Phil Spector

« Do I love you?
River deep, mountain high
Babe if I lost you, would I cry? »

River Deep, Mountain High
(Ellie Greenwich, Jeff Barry, Phil Spector).

Renforcer la présence de Céline aux États-Unis devient la priorité. Tout comme il était important en France de s'attacher les faveurs de Goldman pour asseoir sa notoriété, il faut trouver en Amérique le personnage clé qui agira de même. En effet, la critique américaine n'est pas toujours tendre avec elle. On lui reproche, entre autres, de ne pas avoir d'image rock : elle ne prend pas de drogues, sort très peu, bref, elle fait rarement la une des journaux sauf pour son mariage ainsi que le souligne l'*Ottawa Sun* du 2 juin 1996.

On est loin d'une Tina Turner ou d'une Madonna. « Personnage lissé, Céline a choisi l'image d'une "gentille" (...) A 12 ans, elle disait qu'elle voulait être aussi célèbre que Madonna. Elle y est presque parvenue, par des voies diamétralement opposées. Céline Dion est comme l'envers de la provocante médaille de *Like A Virgin.* L'une sent le soufre, l'autre l'eau de Cologne. Ce n'est pas elle qui arriverait dans un modèle extravagant de Jean-Paul Gaultier (...). Avec elle, si "comme il faut", on peut toujours dormir tranquillement sur ses chastes oreilles », renchérit Véronique Mortaigne dans *Le Monde* du 26 septembre 1996.

Casser cette image d'Epinal et gagner les louanges de la critique rock : tel est le projet. C'est alors qu'entre en scène l'étonnant Phil Spector.

Au départ, l'intégralité de l'album *Falling Into You* devait être réalisée par Phil. Christian Eudeline nous a raconté : « Pour les amateurs de rock, Phil Spector est un mythe, une authentique figure de légende. Il a inventé *the wall of sound* (le mur du son), c'est-à-dire la profondeur de champ. Au lieu de prendre une guitare qui fait un accord de mi ou de la, il a pris dix, vingt, trente guitares. Dans les années 60, cette démultiplication des instruments de musique était révolutionnaire. Ses productions les plus célèbres sont des groupes de filles comme les Ronettes ou encore les Crystals. Il a réalisé *End Of The Century*, l'album du groupe punk américain les Ramones et *Rock'n Roll* de John Lennon. On lui doit surtout cette merveilleuse réalisation de *River Deep, Mountain High*, interprétée par Ike et Tina Turner qui a coûté une fortune tant il a écumé des studios d'enregistrement (on parle d'une centaine). C'est un perfectionniste achevé. »

C'est lui qui a eu l'idée de mettre un tube en face A et un titre médiocre en face B. Les disc-jockeys en radio et dans les clubs ne pouvaient pas se tromper ! Son grand drame : ne pas avoir vendu plus de 200 000 albums de *River Deep, Mountain High* alors que c'était son « Citizen Kane ». Dégoûté, il s'est retiré du monde du rock. A part quelques collaborations avec Leonard Cohen notamment sur l'album *Death* et une intronisation au Rock Hall Of Fame de Los Angeles en 1992, on ne l'a plus revu. Ses dernières photos remontent à 1968.

Le personnage est excentrique. Certains le qualifient de fou, d'autres de génie de la musique. La légende veut qu'il porte un revolver sur lui en permanence. Il est vrai que dans les années 60, Elvis en avait un dans sa poche ! De plus, comme tous les perfectionnistes, Phil Spector est très exigeant. Lors de l'enregistrement de l'album *Rock'n Roll* par John Lennon (qui a duré trois ans...), Yoko Ono n'avait pas le droit d'entrer dans le studio. Peu de gens ont eu le courage de résister à la femme de Lennon !

En dépit de toutes ses manies, tout le monde rêve de faire un album avec lui. Céline Dion en tête. Pour elle, c'était l'assurance de la reconnaissance des vrais amateurs de rock. Il n'en fut rien.

On sait que le projet d'étroite collaboration a duré trois mois. Mais imaginez Céline sous la menace d'un flingue dans un studio ! Et puis, à la vitesse des tournées, des prestations télé, s'arrêter un an ou deux simplement pour un album, elle ne peut se le permettre. Son calendrier le lui interdit. On pense toutefois que Phil Spector a travaillé sur l'enregistrement de la chanson *River Deep, Mountain High* qui figure sur l'album *Falling Into You* mais il n'est pas crédité.

Évincé, Phil Spector n'a pas gardé sa langue dans sa poche. Dans *Entertainment Weekly*, il s'explique : « L'équipe Dion-Angélil ne voulait que des *hits* et avoir un total contrôle du projet. Faire de bons morceaux, différents des horreurs que l'on entend à longueur de journée, ne les intéressait guère. Ils n'ont pas compris que je voulais faire entrer Céline dans l'Histoire du rock. Tant pis pour eux. En tout cas, je sortirai un jour sur mon label les bandes d'elle que j'ai précieusement conservées. Le monde entier pourra faire la comparaison avec la soupe qu'elle chante aujourd'hui. » Et de terminer (avec une pointe d'humour, espérons-le) : « On ne dit pas à Shakespeare quelle pièce il faut écrire et comment l'écrire. Encore moins à Mozart quel opéra composer. A Phil Spector, on ne dit pas quelle chanson écrire et comment l'enregistrer ! »

Falling Into You se fera donc sans le génial Phil Spector ! Faut-il y voir une bénédiction pour Céline

Dion, le personnage Spector étant trop à l'opposé de son image? On peut penser que si le projet avait réussi, une partie du public de Céline l'aurait abandonnée, trop désarçonné par ce changement radical de registre. La « p'tite » aurait semblé être tombée dans la fièvre rock'n roll, laquelle ne lui correspond absolument pas. Son image rassurante aurait cédé la place à une image plus dure. Le public familial qui la suit depuis ses débuts n'aurait plus rien compris. Céline peut donc se féliciter, en partie, de cet échec qui n'en est pas un.

En reprenant les commandes, David Foster, un des fidèles de Céline, assure sa position. Sous sa direction, elle enregistre une nouvelle version de *All By Myself* créée par Éric Carmen et choisit de faire adapter trois titres de Jean-Jacques Goldman en anglais : *If That's What It Takes* (*Pour que tu m'aimes encore*), *I Don't Know* (*Je sais pas*) et *Fly* (*Vole*). La version anglaise de *Pour que tu m'aimes encore* n'a plus grand-chose à voir avec le texte original de Jean-Jacques. La chanson française démarre de façon nostalgique, un peu triste : « Que les fleurs ont fané/Que le temps d'avant, c'était le temps d'avant/Que si tout zappe et lasse, les amours aussi passent. » En anglais, c'est beaucoup plus percutant et positif : « *You're my light in the dark, you're the place I call home* » (« Tu es ma lumière dans le noir, tu es ma maison »)/(...)

« *Even you face the night afraid and alone/That's why I'll be there* » (« Si tu as peur la nuit, si tu es seul/Je serai là »). Dans *Envoyé Spécial*, Jean-Jacques Goldman dira que sa chanson lui a échappé. D'habitude la langue française a des difficultés à « sonner » au rythme de la musique rock. Dans ce cas précis — est-ce parce qu'il l'a écrite ? — il trouve que les paroles anglaises manquent de consistance.

En tout cas, l'album *Falling Into You* fait un carton. Le total des ventes mondiales en décembre 1996 se monte à 18 millions d'albums dont 8 millions aux États-Unis. Au Canada, Céline remporte 55 albums de platine !

A la cérémonie des Grammy Awards 1997, on lui décerne deux trophées importants : album de l'année et album pop de l'année. La consécration suprême. Quand on lui demande si sa réussite aux États-Unis est le simple fait du travail, elle répond : « C'est surtout les années. Il faut laisser aux Américains le temps de vous adopter. Mais le travail, je réalise qu'il y en a eu beaucoup. Il m'a permis de m'impliquer de plus en plus » (*Le Parisien*, 4 avril 1995).

Laisser le temps au temps ! Dans une interview à *VH1*, chaîne musicale américaine, René Angélil déclare : « Le souhait de Céline lorsque je l'ai rencontrée, c'était de chanter toute sa vie. Mon travail a consisté à ne pas brûler les étapes. »

L'album *Falling Into You* a pu se faire parce qu'elle avait signé des contrats avec Disney, qu'elle était parvenue à imposer son nom, sa voix, qu'elle avait fait des tournées avec Michael Bolton, que le Président Clinton l'avait invitée à chanter à la Maison Blanche à l'occasion de son investiture. Le *summum* étant son interprétation de *The Power of the Dream* composée par David Foster et Babyface (le nouveau Stevie Wonder) pour l'ouverture des Jeux d'Atlanta en 1996. Plus de 3 milliards de téléspectateurs l'ont vue et écoutée. Cette exposition à l'échelle planétaire confirme la dimension de Céline Dion.

A l'évidence, aujourd'hui, c'est la télévision qui impose un artiste, alors que les passages radio, les articles dans la presse écrite, aussi dithyrambiques soient-ils, ne sont pas suffisants. Il faut faire des clips et Céline s'est entourée d'un des meilleurs réalisateurs du moment, Gérard Pullicino, le protégé de Sting, David Bowie, Peter Gabriel et Tina Turner. Elle n'a pas négligé non plus les invitations à tous les *talk-shows* américains, qu'il s'agisse d'Oprah Winfrey ou de Jay Leno. Maintenant à l'aise, décomplexée, elle donne libre cours à son franc-parler et séduit le public américain.

C'est chez eux, dans leur salon, leur cuisine ou leur chambre que les Américains ont finalement découvert Céline. Sa maîtrise de l'anglais est devenue tellement parfaite qu'elle a trompé son monde. Beaucoup ont pensé qu'elle était d'origine américaine ou canadienne anglophone.

Cette réussite n'est pas le fruit du hasard. C'est comme bâtir une maison. Tout l'art de René et de Céline a été de construire cette carrière pierre après pierre sans se précipiter. Leur succès n'est pas tombé du ciel. Les lauriers, ils les récoltent parce qu'ils ont su semer au bon moment. Ils ont su attendre, renouveler leurs efforts pour séduire les Américains.

La France aussi, désormais, se donne à Céline : dans les hits, elle est la seule artiste à avoir trois albums classés la même semaine : *Live à Paris*, *Falling Into You* et *D'Eux*. Un nouveau record. Autant une partie de la critique, dans des médias dits « intellectuels », peut se montrer ironique, voire dure à son sujet, autant elle a conquis la presse plus populaire, et le grand public. En février 1997, elle a enregistré 197 chansons, vendu en tout 56 millions d'albums. A la cérémonie des Music Awards de Monte-Carlo en avril 1997, elle reçoit le trophée pour l'artiste, toutes catégories, ayant vendu le plus de disques au monde. Et même via Internet, on lui a envoyé trois cents cartes pour la Saint-Valentin dont trente-cinq demandes en mariage ! Céline Dion serait-elle devenue un objet de fantasmes ?

10

Céline côté coulisses

« Vole vole petite aile
Ma douce, mon hirondelle
Va t'en loin, va t-en sereine
Qu'ici rien ne te retienne. »

Vole
(Jean-Jacques Goldman)

« Un soir de septembre 1991, nous a raconté Eddy Marnay, Céline est au volant de sa voiture. Elle vient de terminer une longue journée de tournage de la mini-série *Des fleurs sur la neige*, et elle s'endort. Le véhicule traverse la voie inverse, tombe dans le ravin, effectue quelques tonneaux. Les voitures s'arrêtent. L'attroupement est considérable, plus de deux cents personnes. Tout à coup, la portière avant s'ouvre. Céline sort indemne et crie : “Ne vous inquiétez pas, je n'ai rien!” C'est typique de Céline, poursuit Eddy. Au-dessus de sa tête veille une bonne étoile, un ange gardien. René et moi l'avons senti dès le premier jour de notre rencontre. Elle n'était pas connue. Pourtant, en entrant dans un restaurant, on ne voyait qu'elle. Sa présence était forte, comme touchée par la grâce. Elle rayonnait. Sa réussite n'est pas le fruit du hasard. Il y a le travail, bien sûr, mais Céline est programmée. A l'abri des catastrophes, elle déjoue les pièges du destin. Pourvu que ça dure ! »

Céline fait aussi tourner les tables. « Dans ma jeunesse, j'adorais ça, raconte encore Eddy Marnay. Je me souviens d'une séance extraordinaire un jour, à l'hôtel dans la suite de René et Céline. Sa mère était là. Je commence à leur expliquer le principe. Eux, plutôt sceptiques, éclatent de rire. Justement dans un coin du salon se trouvait un petit guéridon. Si on essayait ? Nous voilà tous les quatre pendant une demi-heure les mains jointes, cherchant en vain à créer un champ magnétique. Rien. Ils m'ont couvert de sarcasmes, m'ont traité de vieux fou. Avant de partir, on a recommencé. Là, ça a marché. René et Céline étaient en larmes.

« Quelques jours plus tard, j'ai acheté un guéridon chez un antiquaire à Québec pour l'offrir à Céline. Trop excitée à l'idée de pénétrer les mystères de l'irrationnel, elle a voulu que l'on essaye à nouveau. La table a répondu à toutes ses questions sur sa réussite en Amérique, son avenir, et tout et tout. »

Bélier ascendant lion (singe dans l'horoscope chinois), Céline est une perfectionniste hors pair qui déteste ne pas satisfaire pleinement son public. A l'occasion d'un concert à l'Olympia en 1994, Luc Plamondon lui déconseille de chanter *Superman*. Pas de chance, le public lui réclame la chanson, alors qu'elle ne l'avait pas répétée : Céline se trompe dans les paroles, recommence une deuxième fois, puis une troisième; ça ne venait pas. Elle était mortifiée. Quand le rideau est tombé à la fin du spectacle, elle est revenue sur scène en disant « Je vous ai privés d'une chanson. Je n'en ai pas le droit. Je vais la reprendre. » Et cette fois, elle l'a chantée sans se tromper.

« Après le concert, je suis allé la voir dans sa loge, raconte Eddy Marnay. Elle m'a demandé : "Tu crois que j'ai bien fait? — Non seulement, tu as bien fait mais je n'ai jamais vu ça de ma vie." Cette dette vis-à-vis du public et la certitude que rien n'est jamais acquis sont la marque des grands artistes. Céline appartient à cette catégorie. »

Généreuse sur scène, elle l'est aussi dans l'intimité [1]. Très tôt, elle a appris à tout partager avec sa famille. A Laval, elle a offert à ses parents une maison. Pour les fêtes de fin d'année, les Dion se retrouvent dans la maison de Céline à Rosemere, banlieue nord de Montréal. Quand elle rentre d'une tournée, elle a toujours les bras chargés de cadeaux. L'année dernière, on estime qu'elle a ainsi dépensé l'équivalent de 2 millions de dollars! Chaque membre de la famille a reçu un chèque de 100 000 dollars, sans compter les jouets pour les enfants — et des billets d'avion pour aller aux

1. Ces informations proviennent du site Internet Passion Céline Dion.

Caraïbes, l'une des destinations favorites des Canadiens !

Lors de sa tournée au Québec en décembre 1996, Céline a donné vingt places de concert à chacun de ses neveux et nièces afin qu'ils les vendent et gardent l'argent pour eux. A 50 dollars le ticket, ils se sont partagé un pactole de 1 000 dollars !

La famille on le sait occupe une place cruciale dans le cœur de Céline. Quand les Dion se retrouvent tous ensemble, en dépit de sa gloire, elle demeure pour eux « la p'tite ». On a pu le constater à l'émission d'Oprah Winfrey sur la chaîne *ABC*, diffusée le 19 janvier 1997. Céline en était l'invitée principale et on lui a fait la surprise de convier toute sa famille sur le plateau (seule absente, sa sœur Claudette). Ensemble ils ont entonné *Ce n'était qu'un rêve*, sa toute première chanson. Instinctivement, Céline s'est jointe à eux et s'est placée devant, à genoux, au premier rang, comme quand elle était enfant.

Se savoir ainsi entourée et aimée comme autrefois est un élément extrêmement stabilisateur, séduisant pour elle. Sa sœur Manon l'accompagne dans toutes ses tournées et veille aux costumes de scène de Céline. L'un des projets de la star est la construction d'une vaste maison pouvant accueillir toute sa famille. Une espèce d'arche de Noé, vision idéale d'une enfant qui n'a pas oublié ses racines. Pour le moment, René et Céline se préoccupent des travaux de leur villa en Floride à Jupiter Island, une riche banlieue de West Palm Beach où habite déjà Tom Cruise. Coût de l'opération : 10 millions de dollars. « A la maison, c'est moi le *boss* », déclare-t-elle dans le *Toronto Sun* (19 avril 1996). C'est Céline qui s'est occupée des plans de leur future propriété, avec la minutie qui la caractérise.

« De notre chambre, René prendra un couloir, d'où personne ne pourra le voir, et se rendra dans une pièce bien à lui. Il aura son bureau, une chambre, une salle de bains et un jardin extérieur. Nos appartements seront au premier, alors que nos invités auront leurs pièces au deuxième étage » (*Le Journal de Montréal*, 3 mai 1997). On sait que René est un lève-tôt, tandis que Céline, quand elle le peut, dort jusqu'à midi. Elle a déjà fait creuser deux piscines ; une au niveau de la maison et une autre, plus basse, au niveau du quai, pour que son père, lorsqu'il va lancer sa ligne à l'eau, n'ait pas à monter un escalier pour prendre un bain. On parle aussi de soixane-trois postes de télévision incluant un mur vidéo composé de vingt-quatre écrans. Pour quelqu'un qui n'était pas, à l'origine, une fan de la télé, Céline se rattrape. Au sous-sol, on trouvera un studio d'enregistrement ce qui lui évitera de courir à New York, Los Angeles ou Paris pour travailler.

« L'hiver dernier, à Charlemagne, nous a confié

Sœur Liette Lessard, l'un des piliers de l'école Sainte-Marie-des-Anges, qui exerce le métier d'institutrice depuis trente ans, Céline et René se sont procuré la liste des familles pauvres. Pour les fêtes de Noël, ils ont dévalisé l'épicerie Metro de la ville et distribué à chacune des paniers de victuailles. »

On ne compte plus ses participations à des œuvres de charité : For Our Children, produit à Los Angeles par Walt Disney (1992) dont les bénéfices furent reversés à une association contre le sida. Mais aussi, comme on l'a déjà évoqué, les Enfoirés au Grand Rex (1994) — c'est là qu'elle rencontrera Jean-Jacques Goldman et chantera avec lui *Là-bas* — et Les Enfoirés (1996) — l'occasion d'interpréter avec Maurane l'un des titres les plus célèbres de Jacques Brel, *Quand on n'a que l'amour*. Ces galas de bienfaisance en faveur des Restos du Cœur, l'association créée par Coluche en décembre 1985, destinée à venir en aide aux sans-abris en leur distribuant des repas pendant l'hiver l'amèneront à partager la scène avec Patrick Bruel, Marc Lavoine, Julien Clerc, Philippe Lavil, Les Innocents, Muriel Robin, Carole Bouquet, Jane Birkin, Carole Fredericks ou Francis Cabrel. Outre qu'elle participe à une « bonne action », sa participation prouve à l'envi que Céline Dion est intégrée au monde du spectacle français. Quand on se souvient des difficultés qu'elle a dû surmonter pour s'imposer chez nous, cette reconnaissance est une belle victoire pour elle.

Outre-Atlantique, elle participe aussi à l'enregistrement de l'album *Voices That Care* produit par David Foster réunissant une centaine d'artistes dont Kevin Costner, Meryl Streep, Michelle Pfeiffer, Michael Bolton, les Pointer Sisters, Bobby Brown et destiné aux troupes américaines basées en Arabie Saoudite pendant la guerre du Golfe (1991), signe cette fois qu'elle compte parmi les plus grandes stars américaines.

En compagnie d'artistes féminines canadiennes comme Sarah McLaughlan, k.d.lang, Jann Arden et Rita MacNeil, Céline prête aussi sa voix au projet *In Between Dances*, un album composé de dix-sept chansons pour la lutte contre le cancer du sein. La « p'tite Québécoise » se bat aussi bien pour les siens que pour les Américains et les Français. Les grandes causes n'ont pas de frontières et chaque fois qu'on la sollicite pour le bien ou l'amélioration du quotidien des malades ou des déshérités, elle répond présent.

Dès 1984, alors qu'elle n'était âgée que de 16 ans, elle interprétait *Mélanie*, une chanson écrite par Eddy Marnay et dédiée aux enfants malades : « Et je rassemble en un seul nom/ Tous les enfants de ma chanson qui sont au bord de la nuit/ Les enfants qui ne deviendront jamais forts. » Régulièrement, Céline se rend au chevet d'enfants hospitalisés. En avril 1997, elle a reçu une lettre désespérée d'une petite fille incapable physiquement de se déplacer et de la voir sur scène. Céline s'est rendue à l'hôpital et a chanté pour l'enfant en phase terminale sous les sanglots des infirmières.

Mais le combat le plus important à ses yeux — et le plus médiatisé, car l'adresse de la fondation figure sur toutes ses pochettes d'albums — concerne la maladie dont a été victime Karine, la fille de sa sœur Liette : la fibrose kystique, plus connue en France sous le nom de mucoviscidose. Présidente d'honneur de l'Association Québécoise de la Fibrose Kystique (AQFK) depuis 1993, elle a soutenu celle-ci dès ses débuts dans le métier. Régulièrement, elle organise des concerts dont les bénéfices lui sont directement versés.

En 1983, elle chantait déjà Place des Arts à Montréal accompagnée de l'Orchestre Métropolitain du Grand-Montréal; en 1985, c'est un nouveau gala de charité à Ottawa. Le 2 mai 1993, Karine, âgée de 16 ans, meurt sous les yeux de Céline. Jean-Jacques Goldman, prenant le relais d'Eddy Marnay pour traduire ses sentiments, lui écrit *Vole* : « Vole vole mon amour/ Puisque le nôtre est trop lourd/ Puisque rien ne te soulage/ Vole à ton dernier voyage/ Lâche tes heures épuisées/ Vole, tu l'as pas volé/ Deviens souffle, sois colombe/ Pour t'envoler/ Vole vole petite flamme/ Vole mon ange, mon âme/

Quitte ta peau de misère/ Va retrouver la lumière. » En concert, Céline termine toujours son spectacle par cette chanson, montrant non seulement son amour et sa peine pour l'adolescente disparue mais aussi sa sensibilité, sa compassion pour tous ceux qui souffrent. Céline est réellement proche des gens. La tragédie que sa famille a vécue, elle en fait part au public, se rapprochant ainsi de lui. Les spectateurs partagent avec elle ce moment d'émotion et reçoivent la confidence de la star comme un cadeau. Cette chanson est d'autant plus intéressante que c'est la seule dans son répertoire qui parle ouvertement de la mort et sur le mode de l'espérance, de la vie après la mort. Profondément catholique, Céline croit en la résurrection. Le mot « lumière » conclut sa chanson. Dans la version anglaise de *Vole*, traduite par Phil Galdston sous le titre de *Fly*, et qui figure sur l'album *Falling Into You*, l'aspect religieux est encore plus explicite puisqu'elle évoque la certitude de revoir sa nièce après sa mort : « *Cross over to the other shore/ There is peace forevermore/* (...) *Until we meet* (Va rejoindre l'autre rive/ Où tu trouveras la paix/ (...) Et on se retrouvera). »

A l'enterrement de sa belle-mère, Alice Sara Angélil, le 29 mai 1997, en l'église Saint-Sauveur de Montréal, Céline chantera d'ailleurs cette chanson. Un ballet de douze limousines noires avance lentement rue Saint-Denis avant de tourner à droite et stopper avenue Viger. Les coffres arrière sont recouverts d'énormes gerbes de roses. Arrive le fourgon mortuaire suivi de la voiture de René et Céline. Tout de sombre vêtus, les yeux dissimulés derrière des lunettes noires, ils se recueillent quelques minutes devant le cercueil avant de pénétrer dans l'église. Il est onze heures. Les proches de René, ses enfants, Patrick, Jean-Pierre et Anne-Marie l'épaulent dans cette épreuve. Les parents de Céline sont venus, eux aussi, accompagnés de deux de leurs enfants, Claudette et Paul. Le hasard a voulu que Thérèse Dion, la maman de Céline, sorte à peine d'un séjour à l'Institut de Cardiologie de Montréal, hôpital où est décédée Alice.

Quelques proches du monde du spectacle sont venus également : le chanteur René Simard, le producteur Guy Cloutier, l'attachée de presse de Céline, Francine Chaloult, l'animatrice de télévision, Sonia Beznera. A douze heures trente, Mégo, le pianiste attitré des tournées de Céline, s'avance près de l'autel suivi de six choristes, puis de Céline. Ensemble ils interprètent *Vole*. A douze heures quarante-cinq, l'église Saint-Sauveur est vide. Les limousines ont disparu. Reste à l'entrée, un portrait à l'huile d'Alice, tourné à l'envers contre le mur.

Mais elle-même se préoccupe-t-elle de sa

santé? Physiquement, Céline sait être légère. Son poids n'excède pas 52 kg pour 1,71 m. Les 31 août et 1er septembre 1996, elle annule ses concerts à Portland et à Seattle. A la veille de sa tournée européenne, qui devait commencer le 12 septembre à Monaco, un communiqué publié par la Société des Bains de Mer précise que Céline Dion est sous surveillance médicale dans une clinique de Floride. Le docteur Sidney Neimark, officiant à West Palm Beach, explique que la chanteuse est victime de spasmes et d'une violente gastro-entérite. Contrainte de prendre trois semaines de repos, Céline, malgré elle, alimente la rumeur selon laquelle elle serait devenue anorexique. Céline, elle, a toujours attribué sa minceur à l'héritage génétique de ses parents. Son père, Adhémar, et ses frères et sœurs sont très minces. Ses fans, craignant pour sa santé, n'ont pas hésité à lui envoyer des *cheesecakes* et des barres de chocolat lors de son concert au Molson Centre de Montréal, le 17 décembre 1996. Un geste attendrissant soulignant leur crainte de voir leur idole dépérir. Céline, qui réchauffe le cœur du public grâce à ses chansons, doit continuer sa mission de faire rêver. Ces modestes barres de chocolat représentent non seulement des offrandes à la plus grande chanteuse québécoise de tous les temps mais aussi la marque de la relation quasi intime qui la lie à ses fans. Ils savent qu'elle est gourmande, qu'elle adore le chocolat et ce que les Québécois, comme les Américains, appellent la *junk-food* — hot-dogs, chips, etc.

Mais Céline sait aussi apprécier la bonne cuisine. En visite à Montréal, elle et René se rendent immanquablement Chez Guy et Dodo, un restaurant français chic tenu par des Corses, situé à l'angle des rue Sainte-Catherine et Metcalfe. La spécialité? Le navarin de fruits de mer. Également grand amateur de sushis, René s'en fait livrer dans leur maison de Rosemere et dans leur résidence de Palm Beach en Floride.

L'une des couleurs préférées de Céline est le rouge. Eddy Marnay se souvient, à ce propos, d'une jolie anecdote : un soir, alors qu'elle avait 15 ans à peine, il lui demande de chanter un air de *Carmen*, pour le plaisir. La mère de Céline est là. Ensemble, ils conversent sur les origines françaises de la famille Dion. Thérèse croit que leurs ancêtres viennent du Perche, en Normandie. Eddy n'en croit pas un mot et lui rétorque : « Je suis sûr que Céline a du sang espagnol. » A ce moment précis, Céline apparaît vêtue d'une robe rouge. « C'était l'époque où elle avait encore sa belle et longue chevelure noire. Elle a entonné *Habanera* ("L'amour est enfant de bohème que nul ne peut apprivoiser..."). J'ai eu un flash : pour moi, Céline était l'incarnation de Carmen ! »

Admiratrice sans borne de Michael Jackson,

elle a dîné avec lui le 2 février 1993 après sa victoire aux Grammy Awards pour *La Belle et la Bête*; Bambi lui a offert son célèbre chapeau en feutre que l'on voit dans le clip *Billie Jean*. Superstitieuse également, Céline conserve dans ses valises une grenouille offerte par l'un de ses fans. Dans la poésie védique, les grenouilles sont présentées comme l'incarnation de la terre fécondée par les premières pluies de printemps; leur chœur s'élève alors pour remercier le ciel des promesses de fruits et de richesses qu'il a faites à la terre. Au Japon, on croit que la grenouille attire le bonheur. On dit aussi qu'elle retourne toujours à son point de départ, même si on l'en éloigne. Elle est devenue une sorte de protecteur des voyageurs. C'est donc un symbole qui correspond parfaitement à la grande voyageuse qu'est devenue Céline.

Dans son sac ou dans une chaussure, elle garde aussi un « nickel » de 1968 (date de sa naissance), une pièce de cinq sous ramassée rue Sainte-Catherine. Elle l'a fait plastifier et ne s'en sépare jamais. Le chiffre cinq est devenu son porte-bonheur. Son parfum est le n° 5 de Chanel. Et Eddy Marnay, le parolier de ses débuts et ami de la famille, habite au numéro 5 d'une rue de Neuilly. Quant aux bureaux de la maison de production de René, les Productions Feelings, ils sont localisés Suite 500, 4 Place Laval à Laval, Québec. La société qui gère son fan-club s'appelle Five (Cinq) Star Artists. Céline a par ailleurs cinq frères — Clément, Michel, Jacques, Daniel et Paul — et a pris conscience qu'elle désirait faire carrière dans la chanson dès l'âge de 5 ans, à l'occasion du mariage de son frère Michel. L'album *Falling Into You* est répertorié dans le catalogue Sony Canada sous le code CK 33068, correspondant à sa date de naissance : mars (3)/30/68. Il est entré dans le Billboard (top album américain) le jour de ses 28 ans ; est devenu n° 1 28 semaines plus tard, un 5 octobre ! Depuis la signature de son contrat avec Sony, elle enregistre sous le label 550 Music.

Autre coutume : avant d'entrer en scène, Céline avale un cracker. Le sel stimule ses muqueuses. Elle n'oublie jamais de toucher le pouce de ses musiciens afin d'établir la transmission d'un fluide d'énergie positive. Les jours de concert, elle travaille sa voix pendant une heure. Les autres jours entre quinze et vingt minutes. Pour prendre soin de ses cordes vocales, elle se fait des gargarismes à l'eau chaude additionnée de sel et de bicarbonate de soude. A-t-elle le goût de la culture physique ? Céline pratique la gymnastique afin de renforcer son souffle et son système cardio-vasculaire. Elle soulève des poids, comme d'autres artistes qui suivent eux aussi un entraînement intensif, Johnny Hallyday étant le meilleur exemple. Depuis une dizaine d'années, Hervé Lewis, ancien gymnaste, lui fait faire toute une série d'exercices de musculation avant de commencer une tournée. Ils partent en Californie et passent des heures dans les salles de gymnastique. L'exercice est indispensable pour tout interprète qui se dépense sur scène. Qu'il danse comme Céline ou qu'il simule des combats avec des cascadeurs comme Johnny, un minimum d'entraînement est nécessaire. C'est souvent la raison pour laquelle on compare les artistes à des champions de compétition.

Eu égard à son emploi du temps chargé, elle n'a guère le temps de « magasiner ». Sa sœur Manon dévalise les boutiques pour elle et lui achète chaussures et vêtements — on dit qu'elle possède plus de cinq cents paires de chaussures. Accumulatrice, elle garde tout dans des dossiers : photos de meubles découpées dans les magazines, de bateaux, de papiers peints, et de vêtements pour enfants.

D'abord ambassadrice de la chanson francophone avant de chanter en anglais, les Indépendantistes québécois lui ont souvent reproché de ne pas prendre position en leur faveur. L'échec du référendum organisé par le Parti québécois, le 20 mai 1980, (60 % des votants ont refusé de franchir le pas de l'autonomie politique), a déstabilisé la création québécoise. Nombre d'artistes originaires d'autres provinces ont alors trouvé l'occasion de percer — dont les Acadiens, et parmi eux, Edith Butler et Zachary

Richard. Au même moment, toutefois, les grandes salles de Montréal comme le Spectrum continuent d'accueillir des artistes confirmés tels Diane Dufresne, Fabienne Thibault, le groupe Beau Dommage ou encore Gilles Vigneault, ardents supporters de l'indépendance.

Mais la machine Angélil en route, on peut imaginer que s'opposer aux anglophones impliquait se fermer les portes du futur marché américain. Pourtant, en octobre 1990, Céline a refusé le Félix de l'artiste anglophone de l'année (l'équivalent des Victoires de la musique). Elle est montée sur scène et a proclamé qu'elle était fière d'être québécoise. L'incident lui a valu les foudres de la presse anglophone et les applaudissements des francophones. Dans le cœur des Québécois, Céline demeure « la p'tite Québécoise ». Ils l'ont vue grandir, s'épanouir et arriver au sommet.

Pour eux, elle est devenue le symbole de la réussite. Dans un pays frontalier des États-Unis où il est impossible de ne pas être influencé par le mode de vie américain (*the american way of life*), le simple fait que Céline alterne disques américains et disques français est une force. La preuve évidente qu'elle n'oublie pas ses racines. Venue de nulle part, d'une petite banlieue de Montréal et parvenue au top, elle est la fierté de tout un peuple, comme le montre une enquête de l'*Express* publiée le 19 octobre 1995.

« Céline est un trésor national », affirme Rick Camilleri, le patron de Sony Canada. « On a grandi avec Céline, et elle a su rester la petite Québécoise, généreuse, simple et sincère », déclare Suzanne Gauthier du *Journal de Montréal*.

Bien plus qu'une chanteuse, « la reine Céline », comme la surnomment les Québécois, est le porte-drapeau de leur identité. Le journaliste Roger Sylvain n'hésite pas à affirmer que : « Depuis Céline Dion, le Québec existe un peu plus dans le monde. » Alors, peu importe la prudence dont elle fait preuve dans sa carrière, elle sait d'où elle vient et ne renie pas ses origines. Mais en fine et habile diplomate, elle évite de fréquenter les politiques et d'une façon générale d'aborder ce sujet. (*Macleans Magazine*, 16 octobre 1995). Ces questions sont trop sensibles à son goût. Sa carrière est sa vie, son moteur.

Ayant quitté l'école très jeune, Céline est consciente de certaines lacunes dans sa culture générale. Elle lit peu, on ne lui connaît pas de passions artistiques. Dans ses interviews, elle déclare que chez elle, elle aime repasser, cuisiner des pâtes pour son mari, laver. « Je cuisine plutôt mal, avoue-t-elle. Mais je vous conseille mes pâtes à la sauce de veau ! », confie-t-elle au *Parisien*, le 4 avril 1995 et de conclure : « A l'hôtel, je fais généralement mon lit moi-même. C'est une question d'habitude. » Elle est franche, ne s'embarrasse pas de jouer les « intellos » comme certains acteurs qui se découvrent des passions de collectionneur pour Rodin ou Botero! Céline reste elle-même. Et le public apprécie cette sincérité.

Céline est lucide. Elle est consciente de l'évolution de sa carrière et il lui arrive de regarder son passé avec nostalgie : « Oui, je voudrais parfois retrouver l'innocence de mes 13 ans. Lorsque je pense à mes débuts, je me vois comme une jeune fille qui court dans un champ de blé les cheveux au vent, ou bien au bord d'un ruisseau pour m'asperger le visage d'eau pure et claire. Tout semblait facile à l'époque! Aujourd'hui, j'ai énormément plus de pression sur les épaules, les gens exigent beaucoup plus de moi. Autrefois, lorsque je faisais une erreur, on trouvait ça “mignon”, parce que j'étais jeune. Aujourd'hui, je ne peux plus me permettre de faux pas » (*Gala*, 15 juin 1995).

A l'automne 1983, Eddy Marnay l'a emmenée pour la première fois au théâtre voir Jean-Pierre Cassel dans *La Fille sur la banquette arrière* au Palais-Royal. « A la sortie, elle était bouleversée. A 15 ans, elle ne connaissait rien. Tout ce qu'elle a appris, c'est au contact des adultes. Curieuse de tout, elle pose sans cesse des questions. Ce n'est pas quelqu'un de fermé. Au contraire. Elle est vive et possède une rapidité d'assimilation assez exceptionnelle. Sa maîtrise de l'anglais en est la preuve! »

Outre ses nombreux enregistrements de duos avec des partenaires masculins, on sait que l'un de ses plus beaux rêves a longtemps été de chanter avec son idole, Barbra Streisand. Au cours de la cérémonie des Grammies au printemps 1997, elle a chanté *I Finally Found Someone*, un titre de Barbra. Celle-ci lui a envoyé des fleurs avec un petit mot des plus encourageants : « J'ai regardé l'enregistrement et tu as merveilleusement bien chanté ma chanson. Je regrette de ne pas avoir été dans la salle pour t'écouter. La prochaine fois, faisons-en un ensemble. » Céline va encore concrétiser l'un de ses rêves, puisque sur son nouvel album américain (sortie fin novembre 1997), elle interprète avec Barbra Streisand *Tell Him*, une chanson composée par David Foster.

« Aujourd'hui, elle suit des cours d'espagnol pour attaquer le marché sud-américain, poursuit Eddy Marnay. Je suis persuadé qu'elle va réussir là-bas de la même manière qu'elle a su pénétrer le marché américain. D'ailleurs, elle a déjà enregistré *Sola Otra Vez*, la version espagnole de *All By Myself.* »

Il faut savoir qu'au dernier MIDEM latino-américain qui s'est tenu à Miami (du 8 au 11 septembre 1997), les professionnels ont fait état d'un bond considérable du marché de la musique latino-américaine. Ils ont notamment remarqué que les courbes de croissance et de repli du marché discographique suivent les évolutions monétaires. En Argentine, à la suite de diverses mesures anti-inflationnistes, l'année 1993 a été un record avec plus de 300 millions de dollars de recette. Au Brésil, la percée considérable des ventes de CD correspond à l'apparition du real, la nouvelle monnaie, en 1995, et au retour à une inflation moins dramatique (+ 15 % en 1996 au lieu des 6 500 % en 1991). Le marché sud-américain est donc en pleine expansion et Céline a tout intérêt à s'y implanter.

11

Dion Enterprise

« C'est comme une machine à fond de train
Une locomotive qui foncerait sans fin. »

Regarde-moi
(Jean-Jacques Goldman)

« Les gens nous ont cru millionnaires bien avant notre temps. Ça ne fait pas longtemps qu'on fait des sous ! » déclare Céline dans *le Journal de Montréal* (3 mai 1997). Bien que le montant exact de sa fortune demeure top secret, ses revenus en 1996 se sont montés à 220 millions de dollars US. Son nouveau contrat signé avec Sony (100 millions de dollars) la place en troisième place des artistes féminines derrière Janet Jackson et Whitney Houston. Outre la construction d'une maison de rêve en Floride, René et Céline ont investi dans la restauration.

Cette diversification n'a rien d'exceptionnel dans le monde du show business à l'américaine. Le succès de la chaîne Planet Hollywood créée à New York en 1991 par Robert Earl et co-financée par Arnold Schwartzenegger, Bruce Willis et John Hughes est l'exemple type d'une réussite. Il en existe quarante et un dans le monde dont un à Paris. Pour Céline et René, ce seront les Nickels.

L'idée revient à un cousin de René, Paul Sara, déjà propriétaire de la chaîne de restaurants Harvey's, spécialisée dans les hamburgers. Sa première affaire marchant bien, il a choisi de développer son entreprise en s'associant avec les frères Mammas. Ensemble, ils ont concocté un nouveau concept de restauration rapide, basé sur la viande fumée (*smoked meat*), grande spécialité du Québec. Ils ont rencontré René, lui ont parlé de leur projet. Enthousiasmé, celui-ci a donné son accord. Seul problème à résoudre, important dans la stratégie de lancement : quel nom donner aux restaurants ? Céline apportera la solution.

Cinq étant le chiffre porte-bonheur de Céline, elle suggère de baptiser la chaîne « Nickels », nom donné aux pièces de 5 cents. De plus que vous commandiez un deuxième Coca, un deuxième café, un deuxième hamburger, un deuxième gâteau, vous ne payerez que 5 cents en plus ! ! ! Donc si vous venez à deux, un seul payera plein tarif, le deuxième 5 cents à chaque plat ou boisson qu'il choisira. Une idée astucieuse qui dénote à la fois le côté sentimental du caractère du Céline, sa volonté de fidéliser son public, et son sens du commerce !

En 1993, le premier Nickels ouvre donc ses portes dans la ville de Saint-Laurent. Le succès est immédiat. Aujourd'hui, il en existe plus d'une trentaine. « On espère arriver à cinquante d'ici fin 1998 », dit Paul Dion, l'un des frères aînés de Céline. Nombreux sont en effet les membres de la famille Dion associés dans l'affaire. Dans le plus grand restaurant (2 400 m^2) situé à Repentigny, à quelques kilomètres de Charlemagne, inauguré par Céline en 1994, ils sont six Dion à travailler : Paul est le gérant, Jacques, gérant général, Daniel, assistant gérant, Linda, comptable, Brigitte (l'une des nièces de Céline), hôtesse caissière et Thérèse, la mère, est là quasiment tous les jours ! Adhémar, le père, préfère, lui, jouer au golf. Paul et Thérèse sont en fait les propriétaires de ce restaurant. « Le week-end nous sommes ouverts de six heures à quatre heures du matin et servons plus de mille cinq cents clients. C'est très rentable », avoue Linda Dion.

Le cadre est complètement inspiré des années 50, style *American Graffiti*. Néons rouge et bleu à l'entrée, vitrine où sont exposés des tasses à l'effigie de Céline, des tee-shirts, etc. Sièges en skaï rouge, tables en formica, vieilles publicités Coca-Cola, photos d'Elvis Presley, Gary Cooper, Kirk Douglas, Marlon Brando. Messieurs, si l'envie vous prend d'aller aux toilettes, vous devrez pousser la porte recouverte d'un poster de James Dean. Mesdames, vous aurez droit à Marilyn Monroe ! Fans de Céline, un juke box trône au cœur du restaurant et pour la modique somme de 5 cents, vous pouvez programmer tous les tubes de votre star préférée. Céline a elle-même choisi l'uniforme des employés : chemise de base-ball pour les garçons, mini-jupe rose et chemisier blanc pour les filles. Le summum du rêve nord-américain !

Le cappuccino est excellent. On vous conseille de goûter au sandwich « smoked meat » (accompagné de frites), ou au hamburger « Chaude Marilyn » (servi avec une sauce salsa, du fromage suisse et une petite salade de chou) ou encore au « Brando », un sandwich monumental au poulet, et de finir par le « Céline Dion », un gâteau au chocolat de six étages avec de la crème glacée et du *fudge* chaud pour 4,99 dollars. Vous pouvez aussi vous laisser tenter par « Obsession », une tarte aux pacanes, « Boomerang », un gâteau aux biscuits Oreo, ou encore « Fixation », une tarte aux pommes « épaisse comme ça », précise le menu. Un pèlerinage indispensable pour tout fan de Céline qui se respecte. Sachez que vous dégusterez ces mets délicieux sur des sets de table à l'effigie de Céline et pourrez peut-être gagner un voyage à deux dans l'une des villes d'Europe, d'Asie ou d'Amérique où se produit Céline.

Ainsi grâce aux Nickels, la famille Dion retrouve son activité de prédilection, la restauration, comme à l'époque du Vieux Baril. Le succès de leur fille ne leur a pas tourné la tête. Ils font ce qu'ils aiment à une échelle plus grande parce qu'ils ont désormais des moyens plus importants. Mais ils ne changent pas. Ils demeurent fidèles à leurs choix de vie des débuts. Les Québécois sont sensibles à cet ancrage dans la tradition. « Notre mère, dit Paul, est incapable de rester seule à la maison. Elle s'ennuie. Ici, au moins, elle voit du monde et a l'impression de se sentir utile. On a beau lui répéter que ça la fatigue et qu'elle serait mieux au calme chez elle. Non, elle ne veut rien entendre et vient chaque jour, debout derrière le comptoir entre huit et dix heures d'affilée. A 71 ans, c'est courageux! Céline tient d'elle. Notre mère est volontaire, c'est un roc, elle ne démissionne jamais et pousse en permanence ses limites. Comme Céline. » En 1993, Thérèse Dion et son fils Paul s'étaient déjà lancés dans une aventure à la Paul Newman et ses fameuses sauces et vinaigrettes. Cuisinière hors pair, Thérèse a réussi à commercialiser ses pâtés sous la marque : « Maman Dion »!!!

Parmi les investissements connus de René et Céline, la presse québécoise parle encore d'un club de golf « Le Mirage », situé au nord de Montréal. René l'aurait racheté en partenariat avec entre autres Patrick Roy, gardien de but de hockey.

Autre projet, la construction d'un musée Céline Dion à Charlemagne. Dans son bureau, à la mairie, un bâtiment moderne jouxtant la bibliothèque municipale, René Després semble très optimiste. « Les plans sont quasiment terminés. Reste à boucler le financement. On a l'intention de racheter l'ancienne maison des Dion rue Notre-Dame devenue depuis 1984 un magasin de fenêtres ainsi que les maisons aux alentours. On recréera le décor où Céline a grandi avec les fameuses quatorze marches (une pour chaque enfant), on exposera sa robe de mariée, ses trophées, on passera ses clips et surtout nous serons les seuls au monde à l'avoir sur scène vingt-quatre heures sur vingt-quatre grâce à un procédé virtuel révolutionnaire.

« Pas besoin de lunettes ou d'autres accessoires. Un simple jeu de laser hautement sophistiqué rendra l'illusion parfaite. Bien sûr, on ne pourra comparer ce musée à celui de Graceland dédié à Elvis Presley. Mais on espère entre 40 et 50 000 visiteurs par an. Si tout va bien, l'ouverture s'effectuera en 1998. Inutile de préciser qu'aucune décision ne sera prise sans l'aval de René. » Il faudra construire des parkings, des restaurants de fast-food. Charlemagne va s'enrichir mais il est à craindre que ses habitants perdent un peu de leur tranquillité.

René contrôle et gère tout ce qui concerne Céline. L'épisode de la biographie sur la chanteuse qui devait sortir au Québec en 1996 illustre parfaitement son esprit de businessman : le livre de Nathalie Jean journaliste au *Journal de Montréal* est imprimé, prêt à être livré dans les librairies et supermarchés. Coup de théâtre au sein de la maison d'édition canadienne Québécor : alors que 10 000 exemplaires étaient déjà commandés, René Angélil s'oppose à la publication. Il dédommagera l'auteur et promettra au groupe Québécor qu'il sera le seul à publier et distribuer la biographie officielle.

Cependant la « machine » Angélil-Dion peut encore faire des progrès, notamment pour son fan-club. « Longtemps dirigé par Pauline, l'une des sœurs de Céline, il n'est pas très bien organisé », dit Sylvain Beauregard, créateur du site *Passion Céline* sur Internet. « Moyennant une cotisation annuelle de 30 à 40 dollars selon que vous résidez au Canada ou à l'étranger, vous recevez une carte de membre, des coupons de réductions aux concerts, un catalogue de produits en tout genre : photos de la chanteuse, posters, tee-shirts, casquettes de base-ball, cassettes vidéo, etc. En deux ans, ils n'ont sorti que deux numéros du journal de Céline. C'est peu. »

Pour ajouter sa pierre à l'édifice, Sylvain Beauregard a créé sur Internet le 12 janvier 1996 le site le plus complet à ce jour. Né le 28 mars 1968 (deux jours avant Céline...), cet ancien étudiant en informatique à l'Université de Laval au Québec a travaillé l'équivalent de trois mille heures devant son écran.

Sur son site, on trouve tout sur Céline : une biographie complète de sa carrière, les paroles des cent quatre-vingt-dix-sept chansons enregistrées, des photos inédites, etc.

Pendant plusieurs mois, son site n'existait qu'en langue anglaise et française. Aujourd'hui, on y trouve des informations en italien, en suédois, en afrikaans. Ses correspondants résident dans le monde entier : Qatar, Corée, Afrique du Sud, Jamaïque, Nouvelle-Zélande, soit plus de cinquante pays. « Comme tous les Québécois, dit-il, j'ai suivi la carrière de Céline. La première chanson que j'ai fredonnée était *D'amour ou d'amitié* puis ce fut le calme plat pendant des années. Tout a basculé le 1er mai 1993 alors que je déménageais de Montréal à Québec. A la radio, j'ai entendu *Water From The Moon* écrite par Diane Warren et je suis tombé en amour avec cette chanson qui figure sur l'album *Celine Dion : "I've reached high up in the sky/ Tryin'to steal the stars/Oh to win your heart/But even that's not enough* (Je suis montée au ciel/Pour voler les étoiles/Pour gagner ton cœur/En vain)." J'ai acheté l'album et ma passion pour elle n'a cessé de grandir.

« J'avoue ne jamais avoir rencontré mon idole. Je me suis fait une raison, poursuit-il, tant il est difficile de l'approcher. Début 1997, je lui ai envoyé ainsi qu'à René un cahier complet de mon site. Je n'ai toujours pas de réponse.

« A l'ère des télécommunications tellement sophistiquées et développées, il est regrettable que René ne porte pas plus d'intérêt à ce médium. Aujourd'hui, le poids d'un artiste se mesure par ses ventes d'albums, ses prestations sur scène, ses vidéo-clips, un fan-club et Internet. C'est incontournable. Une véritable révolution au niveau des échanges entre fans à travers le globe. Vous vous rendez compte : de la Russie à Hong Kong, on connaît tout de l'agenda de Céline et de ses petites manies ! Mieux et tellement plus rapide que le téléphone arabe ! »

Son site héberge aussi la plus importante collection au monde d'objets-culte pour tout fan de Céline. Son propriétaire, Gaston Poirier, ingénieur des eaux à Québec, peut se vanter de posséder un disque vynil de la chanson *D'amour ou d'amitié* enregistré en allemand en 1984, objet rarissime d'une valeur de 1 500 dollars canadiens. Il possède en tout 119 compact discs de Céline provenant du monde entier avec des pochettes différentes, 104 CD simples, 36 albums vinyl, 86 45 tours. Sans compter les posters, les casquettes. Grâce à son copain Sylvain, il met en vente sur Internet toute sa collection qu'il a divisée en lots ! Amateurs, tapez « Passion Céline Dion » ! Son engouement pour Céline a commencé au début des années 90 après des années vouées au culte d'Elton John. « Et puis, comme en amour, la flamme s'est éteinte. J'ai arrêté de suivre Elton dans ses délires et je suis passé à Céline, beaucoup plus sage et posée. Tel un chien de chasse, j'ai commencé à traquer ses albums dans tout le Québec et en dehors du continent américain. J'ai entassé tellement d'objets que mes cartons explosent. »

Sur le continent américain, Sylvain Beauregard dépense 15 dollars par mois pour loger son site. En revanche, en Europe, on l'héberge gratuitement. « Je pense qu'il y a un peu de jalousie de la part de Sony Canada parce que j'utilise le nom de Céline pour l'adresse de mon site. Comment pourrait-il en être autrement? Pourtant je leur ai envoyé une quarantaine d'*e-mail*... sans réponse à ce jour ! » Son savoir sur la star est pris très au sérieux : de *VH1*, la plus grosse chaîne de vidéoclips aux États-Unis, à la *Télévision Suisse Romande*, on n'hésite pas à l'interviewer longuement. En moyenne, Sylvain Beauregard reçoit vingt à quarante messages électroniques par jour, environ cent cinquante par semaine. Parmi ses interlocuteurs, il compte des étudiants, des chômeurs, un physicien moscovite ! Grâce à lui, deux fans de Céline, l'un danois, l'autre québécoise ont fini par se rencontrer, s'aimer et se marier en mai 1997. Céline n'était pas présente.

12

Numérologie, astrologie, voyance : quel avenir[1] ?

« Tel est mon destin
Je vais mon chemin
Ainsi passent mes heures
Au rythme entêtant des battements de mon
[cœur. »

Destin
(Jean-Jacques Goldman)

1. Nous avons demandé à trois spécialistes une analyse de Céline Dion, selon leurs méthodes respectives, afin de nous éclairer sur sa personnalité.

Art divinatoire qui utilise la symbolique des chiffres pour définir notre caractère et les cycles qui nous influencent, la numérologie nous aide à mieux nous comprendre et à comprendre le monde qui nous entoure. Ses origines sont lointaines et remontent aux Égyptiens, aux Hébreux, aux Chinois voire aux Grecs qui ont utilisé les chiffres pour accéder à la connaissance divine et pour bâtir leurs monuments.

Si les nombres expriment bien évidemment des quantités, ils symbolisent aussi des forces et des idées. Dans l'Antiquité, les architectes utilisaient un nombre sacré appelé « Nombre d'or ». Le Parthénon, par exemple, bâti sur le principe de la « divine proportion » exprime l'équilibre parfait entre beauté, savoir et pouvoir. Didier Blau, numérologue reconnu [1], s'est penché sur le cas Céline Dion. Voici ses conclusions.

1. Auteur de l'ouvrage *Oracles, le guide de votre présent et de votre avenir*, Éditions Jean-Claude Lattès, 1990.

« Trois nombres permettent de cerner la personnalité d'un individu à partir de sa date de naissance. Il y a tout d'abord le nombre intime qui dévoile votre personnalité profonde, la sensibilité secrète, ce qui, en vous, reste caché au regard des autres. Ce nombre intime exprime votre besoin profond. Chez Céline Dion, il s'agit du nombre 3 (ce nombre se calcule avec le jour de naissance. Céline est née le 30 : 3 + 0 = 3). C'est le nombre qui symbolise l'expression. L'intelligence et l'agilité mentale caractérisent Céline.

« C'est dans un renouveau constant de son entourage qu'elle puise ses ressources. (On sait que son évolution de carrière est directement liée aux différents producteurs ou paroliers qu'elle a rencontrés. Il y a eu l'époque Eddy Marnay correspondant à l'adolescence, la période Luc Plamondon avec *Ziggy*, la période américaine avec David Foster — ses trois premiers albums en anglais — puis la période Jean-Jacques Goldman avec *D'Eux* et enfin les retrouvailles avec David Foster sur le quatrième album en anglais *Falling Into You*.)

« Par sa séduction, Céline obtient beaucoup des autres. Les contacts et les voyages tiennent une grande place dans sa vie. Elle a besoin de bouger, de se déplacer, de communiquer, bref... de s'exprimer.

« Éternelle adolescente, elle est très sensible à l'image sociale que projettent les autres. (Son mariage façon conte de fée perpétue ce monde de l'enfance et on sait qu'elle n'est pas insensible aux multiples invitations et aux honneurs des grands de ce monde : chanter en l'honneur de Bill Clinton, participer à l'occasion de l'ouverture des Jeux d'Atlanta, recevoir des trophées, etc.).

« Ses talents, physiques et intellectuels, sont nombreux. (Il est indéniable que Céline est une bête de scène. Quiconque l'a vue en concert même s'il ne l'apprécie pas particulièrement ne peut que saluer son énergie. Sur scène, Céline "se donne", elle ne se ménage pas pendant les deux heures de spectacle.)

« Le deuxième nombre pour mieux cerner la personnalité de tout un chacun est le "nombre d'expression" qui dévoile la personnalité extérieure, la manière de vivre, de se comporter au quotidien, ses facultés d'adaptation, d'être avec les autres. Chez Céline, il s'agit du nombre 6 (le nombre d'expression se calcule en additionnant le jour et le mois de naissance : 3 + 0 + 3 = 6). Céline est... sentimentale. Sa personnalité se résume en deux mots : recherche de l'harmonie. Son équilibre général passe obligatoirement par son équilibre sentimental. (On comprend d'autant mieux son besoin d'être rassurée par son environnement familial et par la forte présence de René à ses côtés. Dans une certaine mesure, elle est perdue sans lui. Elle lui doit toute sa carrière. Le clan Dion-Angélil, c'est sa sauvegarde, son cocon qui lui permet de tenir la tête haute et d'assumer tous les soirs son rôle d'interprète de talent.)

« Au travail, poursuit Didier Blau, elle assume ses responsabilités et ne travaille bien que dans une ambiance pacifique. (On connaît la difficulté de pénétrer dans l'enceinte Dion-Angélil. Seule satisfaction, lorsqu'on fait partie du club, de la forteresse familiale, on est accepté à vie, la confiance est totale.) Comme il lui faut de la douceur, de la tendresse et de l'amour, les valeurs comme le foyer, la famille sont nécessaires à son bien-être mais pas toujours faciles à mettre en place. (Son rêve d'une vaste maison familiale reste à concrétiser.)

« Troisième et dernier nombre : le nombre de vie qui dévoile la destinée, les buts, les aspirations, ce vers quoi on tend. Pour Céline, il s'agit du nombre 3 (se calculant en additionnant le jour, le mois et l'année de naissance : 3 + 0 + 3 + 1 + 9 + 6 + 8 = 30. 30 = 3 + 0 = 3). Céline est faite pour bouger, penser et agir. Bien sûr, des remises en cause pourront subvenir dans son existence, mais si elle met en application ses capacités d'adaptation, sa curiosité et son optimisme, elle atteindra le succès (elle l'a déjà atteint). Elle doit apprendre la persévérance, l'ambition et le goût de l'effort. (Ayant commencé dans ce métier depuis officiellement l'âge de 13 ans, date de sa rencontre avec son manager,

René Angélil, elle a eu le temps d'apprendre ce que le mot effort signifie et implique. Ambitieuse, oui, elle l'est. Elle veut réussir, elle a déjà réussi, elle l'a prouvé en vendant 56 millions d'albums à travers le monde, en maîtrisant l'anglais et en perçant de façon magistrale le marché du disque américain.) »

L'astrologue Fabrice Maze, quant à lui, a étudié le thème astral de Céline. En voici les lignes principales : « Céline est bélier ascendant lion. C'est le premier signe du zodiaque, signe masculin dont l'élément est le feu, la planète en domicile, Mars, et la planète en exaltation, le Soleil. Ses fonctions vitales se situent dans le domaine de la tête. Résultat, les natifs de ce signe sont impulsifs, ils ont une belle énergie, réagissent à l'immédiat et s'emballent souvent.

« La planète Mars lui apporte le dynamisme, l'énergie et l'agressivité qu'on lui connaît. De façon constructive avec un esprit d'entreprise prononcé (sa chaîne de restaurant fast-food Nickels en est l'exemple le plus frappant) mais aussi destructrice (ses cures de silence qu'elle s'impose ne plaisent pas à tout le monde sans parler de l'interdiction formelle de fumer à ses côtés). Céline a tendance à idéaliser les choses, poursuit Fabrice Maze. Elle veut que les gens soient heureux autour d'elle. Elle vit dans une octave supérieure au commun des mortels. Elle ne supporte pas la médiocrité et se complaît dans un monde imaginaire et a tendance à s'enfermer dans une tour d'ivoire. Le concret, elle n'en tient pas compte pour l'instant, laissant le soin à son entourage de gérer le quotidien (elle ne lit pas ses contrats. Le danger pourrait alors être un éventuel abus de confiance de la part des autres. Mais Céline a su s'entourer).

« Du point de vue de l'imaginaire, elle a Neptune (planète de l'inspiration) en bon aspect avec Uranus (planète de la transformation, des bouleversements). Résultat, sa créativité et sa perception supra-sensorielle sont très développées. Comme dans son thème astral on constate un échange avec Vénus, Céline a une soif d'amour universel. Elle veut aimer la planète entière. Il ne serait pas étonnant qu'elle se soit tournée vers l'humanitaire comme si elle était investie d'une mission.

« Dans les aspects difficiles, elle a Pluton (planète des profondeurs, du subconscient) près d'Uranus, le tout en opposition avec Vénus (vie affective et amour de la vie en général), conjoint de Mercure (planète de l'intellectualité). Chez Céline, il existe une vraie dissociation entre affectif et intellectuel. Quand elle aime, elle cérébralise. On sent qu'elle a du mal à tomber amoureuse. Elle prend son temps. Quand elle commence à aimer, elle a très peur de la mort. Toute vie affective est vécue avec douleur. C'est donc sur scène, seule, qu'elle décharge et sublime toutes les énergies cachées en elle. Elle chante pour conjurer ses peurs.

« En astrologie chinoise, Céline est singe. Ses principales qualités sont l'intelligence, la lucidité et l'acuité d'esprit. Les principaux défauts du singe sont un léger complexe de supériorité. Lorsque l'on pose la question à Céline : "En quoi aimeriez-vous être incarnée ?" Et qu'elle vous répond : "En Céline Dion..." elle prouve sa confiance en elle et sa foi en son destin.

« Le singe aime l'argent : il est riche et dépensier. Il aime aussi sortir, il adore les réunions surtout lorsqu'il est le roi de la fête.

« De façon générale, le singe en astrologie chinoise est "supérieur". Il est le signe le plus adapté au monde et le plus apte à en tirer parti. Il est original de vivacité, de fantaisie et de détachement. Il est capable de changer de personnage en quelques minutes. Le concept des concerts de Céline reflète parfaitement ce jeu de mutation. Une chanson lente fait vite place à un titre rock'n roll : *Because You Loved Me* du film *Personnel et confidentiel* plutôt langoureux fait place à *Les derniers seront les premiers*. Jean-Jacques Goldman n'hésite pas à souligner, dans *Infomatin du* 3 avril 1995, l'extraordinaire facilité de Céline de changer de peau en un quart de seconde, comme un caméléon. Une vraie comédienne ! Pas étonnant qu'Hollywood lui fasse des propositions.

« Le singe veut être admiré, aimé et compris avec affection. Généreux, le singe ne l'est qu'avec sa famille. Le reste du temps il préfère dépenser pour son plaisir personnel. Sans être exclusif ou jaloux, le singe déteste que l'on se paye sa tête. Il est capable de se venger de façon machiavélique. Il est si observateur, si fin, qu'il sent le danger avant vous. »

La voyante Isabelle Tournier s'est également intéressée à Céline Dion. Sa méthode de travail repose sur l'étude approfondie d'une signature. Grâce à elle, Isabelle retrace votre passé, votre présent et voit les événements futurs. Une étonnante radiographie mettant souvent en lumière des zones d'ombre de votre vie, enfouies au plus profond de votre inconscient. Elle s'est penchée sur la signature de Céline. Ses conclusions sont pour le moins étonnantes.

« Céline a su trouver un équilibre mais qui semble précaire. Ouverte et disponible, elle fait tout pour aider sa famille. Malheureusement, elle se sent en danger tant la peur qui l'habite est grande. Les traumatismes de l'enfance sont enfouis au plus profond d'elle-même. On sait qu'elle avait très peu droit à la parole lorsque la famille était réunie à Charlemagne, que sa mère pendant sa grossesse n'est pas sortie de chez elle. Il semble que depuis

1997, elle cherche à affronter certains de ses vieux démons. Et contrairement aux apparences, il est évident que Céline n'a pas encore abordé sa véritable carrière : il y aura tout d'abord le cinéma; puis l'écriture, champ d'action qui lui permettra enfin de tout partager avec les autres et constituera à ses yeux la meilleure des thérapies. En effet, Céline étouffe sous le carcan de ses responsabilités. L'image d'elle qu'on lui impose de donner est par trop loin de ce qu'elle ressent.

« Céline connaîtra la maternité entre 30 et 32 ans. A 34 ans, il lui faudra prendre une grande décision qui aura des répercussions sur son avenir professionnel. Elle n'abandonnera jamais complètement la chanson mais l'écriture l'emportera. Elle se sentira comblée et remplie par cette activité et pourra enfin se rencontrer. Céline ne subodore pas le dixième de ce dont elle est capable. Elle doute sans cesse d'elle-même et cherche immanquablement la reconnaissance de l'autre.

« Les années à venir lui offriront donc l'opportunité de s'accorder sa propre reconnaissance. En outre, elle parviendra à trouver la paix de l'esprit car elle aura su transformer le passé et en faire un allié. Depuis l'enfance, Céline se réfugie dans l'imaginaire mais elle sait parfaitement bien gérer le réel qui, contre toute attente, ne lui fait pas peur !

« Céline, si elle accorde sa confiance à quelqu'un, pourra lui décrocher la lune. Elle est émue par la souffrance chez les enfants (son engagement dans la lutte contre la mucoviscidose en est la preuve et elle ne compte pas ses visites aux enfants malades). D'un coup de baguette magique, elle voudrait pouvoir supprimer cette souffrance tant cela réveille en elle des douleurs qu'elle croyait passées.

« A 39 ans, Céline devrait apprendre une grande nouvelle d'ordre privé à son entourage. Elle se sentira "nourrie" et "remplie". La vie lui sourira mais surtout elle saura apprécier ce qu'elle a. »

Conclusion

Par-delà les horoscopes et les prédictions, avec plus de 56 millions d'albums vendus dans le monde, Céline joue désormais dans la cour des plus grands. Elle est la seule chanteuse francophone à avoir réussi à gagner l'Amérique. Et Dieu sait si le marché américain est difficile à percer pour une étrangère. Le fait qu'elle soit née à quelque deux heures d'avion de New York est certes un atout. Québécoise, elle est aussi de cette Amérique du Nord où elle a fait ses premiers pas. Elle est américaine, elle mange américain, elle boit américain, elle a le punch d'une Américaine. Pour les Français, il est vrai que son accent lui donne un côté « exotique » plutôt sympathique. On aime son franc-parler, ses éclats de rire et sa simplicité. Sa chaleur, sa connivence avec le public pendant les concerts plaisent, même si tous les soirs elle répète la même phrase : « Ça s'rait-tu extraordinaire de partir en tournée ensemble ? »

Céline, c'est la cousine d'Amérique. Celle qui a réussi et dont les Français sont fiers après l'avoir ignorée si longtemps. Une parente qu'on est finalement heureux de compter comme membre de la famille. On connaît le complexe des Français vis-à-vis de l'anglais ou des langues étrangères en général. On les dit peu doués. Céline montre tous les jours qu'à force de travail acharné, elle est parvenue à dominer ce handicap et à s'imposer au sein d'un monde a priori hostile. Pour les adultes, elle est la projection des désirs des parents pour leurs enfants : apprends l'anglais, mon fils (ou ma fille) et tu réussiras ! Mais tout le monde sait que ce n'est pas un exploit surhumain. Une foule de gens se trouvent dans l'obligation d'apprendre sur le tard une langue étrangère et on ne crie pas pour autant au génie.

En revanche là où Céline est géniale et ça, elle le doit à René, c'est dans la construction intelligente et progressive de sa carrière. Qui peut se vanter à 30 ans au moins, d'avoir déjà derrière soi plus de quinze ans de métier ? Le magazine américain *Time* lui a consacré sa couverture le 12 août 1996, après son concert au Madison Square Garden, à New York, sous le titre sans équivoque *The Diva Of Pop*. On peut se demander jusqu'où elle ira. Hollywood lui fait des propositions de films, dont l'interprétation du rôle d'Édith Piaf. Mais ce sont surtout les chiffres impressionnants, qui témoignent de son succès : 21 millions d'exemplaires ont été vendus de son quatrième album en anglais *Falling Into You*; elle reçoit plus de mille chansons par an; son interprétation de la chanson d'ouverture des Jeux Olympiques d'Atlanta, *The Power Of The Dream*, a été regardée par 3,5 milliards de téléspectateurs; les places des derniers concerts à Bercy en octobre 1996 se sont échangées au marché noir pour 3 000 F. Et phénomène nouveau, l'émergence de voix « à la Céline Dion » prouve qu'elle fait école.

Un peu rapidement baptisée « Canada Dry » parce que sa voix ressemble à s'y méprendre à celle de la star, Lara Fabian suit, au fond, une trajectoire assez similaire. Comme Céline, elle participe au Concours de l'Eurovision en 1988, représentant le Luxembourg. Elle termine quatrième, là où Céline avait été première. En 1996, Walt Disney la contacte pour qu'elle enregistre la bande originale du dessin animé *Le Bossu de Notre-Dame*. Elle signera avec eux. Belge d'origine naturalisée canadienne, Lara Fabian possède un avantage par rapport à Céline : elle ne se contente pas d'être interprète, elle compose et écrit ses textes. Son album *Pure* (Polydor) l'a consacrée au Québec. Il est amusant de constater que la pochette est dans les mêmes teintes que celles du quatrième album de Céline, *Falling Into You* : pastel. Fond blanc, cheveux châtain clair et une note de bleu dans le maquillage des yeux, bleu que l'on retrouve sur le jean de Céline et sur sa signature. Lara Fabian arrive en France avec un projet intéressant : le futur enregistrement d'un album américain avec un certain David Foster. Ce nom ne vous rappelle rien ?

Chez Céline, vie professionnelle et vie privée ne vont pas l'une sans l'autre. Certains critiques la considèrent comme une simple machine à sous, d'autres comme une boîte vocale géniale. C'est extrêmement réducteur et injuste. Elle est beaucoup plus que cela. Dans l'inconscient collectif du Québec elle est à la fois Cosette et Cendrillon. (« C'est un conte de fées qui se réalise, dit-elle dans *France Soir* à l'occasion de sa première télé en France. Ma carrière est un gros livre où je rajoute des pages tous les jours. ») René Angélil, c'est à la fois Jean Valjean et le prince charmant. Celui qui l'a sortie de son milieu familial pour l'enfermer dans un autre, le show business, celui qui l'a transformée aux normes du métier (sourire impeccable, maîtrise parfaite de l'anglais), celui qu'elle a fini par épouser.

Les Québécois se souviennent avec nostalgie de la présence française, Céline n'oublie pas sa famille. Ses origines modestes sont son porte-drapeau. Pendant les interviews, les évocations de sa famille sont permanentes. « Je veux partager mes émotions. J'aime qu'on m'aime », affirme-t-elle (*Madame Figaro*, 14 septembre 1996). Elle a beau s'habiller en

Chanel, fréquenter les palaces les plus luxueux dans toutes les villes du monde, elle téléphone à son père et à sa mère tous les soirs. « C'est un rite sacré : je me fais un devoir de leur dire chaque jour à quel point je les aime », dit-elle.

Céline est une jeune fille bien élevée, bien sage, une star « familiale ». « Je ne fume pas, je ne bois pas, je ne "couraille" pas, mais je travaille beaucoup » (*Femme*, septembre 1995). La preuve qu'à la force du poignet on arrive à tout, voire au *top*. Un exemple, un modèle pour ceux qui seraient tentés de se laisser décourager. Il faut croire en soi, se tenir aux buts que l'on s'est fixés : « Ma famille me manque, ma maison aussi mais je ne regrette pas d'avoir sacrifié mon adolescence. J'avais un rêve : je voulais devenir chanteuse » (*People Magazine*, 3 mars 1997).

Les valeurs de Céline pourraient être définies par les mots « travail, famille, patrie ». En cette période de troubles économiques, de chômage, Céline rassure. Quand l'argent manque, la famille est toujours là. On se souvient que l'un de ses rêves est la construction d'une immense maison familiale, refuge assuré contre les attaques extérieures. Vouloir à tout prix retrouver les chemins de l'enfance, ce cocon protecteur, c'est aussi refuser de grandir, de couper le cordon ombilical. Céline n'a pas fait de crise d'adolescence. Le mot rébellion lui est étranger. La véritable Céline Dion n'a peut-être pas encore pris son véritable envol.

On ne peut s'empêcher d'établir un parallèle avec Michael Jackson, lui aussi issu d'une famille nombreuse de musiciens et de chanteurs. Un cocon familial qui l'a étouffé dès l'âge de 5 ans et dont il a essayé d'échapper — à la différence de Céline Dion qui y retourne indéfiniment. Cette vie de palaces somptueux, une vie de star coupée de la réalité peut conduire à des extrêmes. « Bambi » confie : « De toute façon, avec le succès, on cesse d'être une personne pour devenir une personnalité. » On ne vit plus qu'à travers le regard des autres et on se fabrique un personnage, extravagant dans le cas de Michael, plus sage dans celui de Céline.

Les références des stars n'étant pas les mêmes que celles du commun des mortels, leur comportement, extravagant à nos yeux, obéit à des règles qui nous dépassent et n'appartiennent qu'à elles. La star peut tout se permettre, jusqu'à affirmer, comme Céline, qu'elle fait son lit tous les matins à l'hôtel.

Ses cures de silence, ne pas parler à ses frères et sœurs qu'elle n'a pas vus depuis des mois parce que c'est un jour sans paroles, ne plus oser sortir dans la rue pour « magasiner » et envoyer sa sœur à sa place acheter quinze paires de chaussures font partie du personnage qu'est devenue Céline. Ces petits extrêmes relèvent du syndrome « je suis star, j'aime ça et je ne me soigne surtout pas ». Mais on peut penser que « la p'tite Québécoise » va garder cette spontanéité qui fait dire à tout le monde : « Elle est si simple, elle au moins n'a pas la grosse tête », même si on aimerait parfois la voir plus cigale que fourmi.

Parce qu'on l'aime et qu'on l'admire, on aimerait aussi qu'elle nous surprenne encore. Mais, prise dans la spirale des tournées et des enregistrements de ses albums (cinquième album en anglais prévu à l'automne 1997 et un album en français, le deuxième écrit par Jean-Jacques Goldman, sortie mars 1998), elle est forcée de s'isoler davantage et de cultiver une personnalité qui fera d'elle une des grandes légendes de ce siècle.

C'était son rêve, non ?

Annexes

LA FAMILLE DION

NOM	DATE DE NAISSANCE
Thérèse Tanguay Dion	20 mars 1927
Adhémar Dion	2 mars 1923
Denise	15 juin 1946
Clément	2 novembre 1947
Claudette	10 décembre 1948
Liette	8 février 1950
Michel	18 août 1952
Louise	22 septembre 1953
Jacques	10 mars 1955
Daniel	29 novembre 1956
Ghislaine	28 juillet 1958
Linda	23 juin 1959
Manon	7 octobre 1960
Paul	3 avril 1962
Pauline	3 avril 1962
Céline	30 mars 1968

DISCOGRAPHIE DE CÉLINE

NOMBRE D'EXEMPLAIRES VENDUS	
1981 : *La Voix du bon Dieu*	50 000
1981 : *Céline Dion chante Noël*	25 000
1982 : *Tellement j'ai d'amour*	150 000
1983 : *Les Chemins de ma maison*	150 000
1983 : *Chants et contes de Noël*	75 000
1984 : *Les plus grands succès*	75 000
1984 : *Mélanie*	175 000
1985 : *Céline Dion en concert*	50 000
1985 : *C'est pour toi*	50 000
1986 : *Les Chansons en or*	150 000
1987 : *Céline Dion Incognito*	500 000
1990 : *Unison*	2 000 000
1991 : *Céline Dion chante Plamondon*	1 400 000
1992 : *Celine Dion*	4 000 000
1993 : *The Colour Of My Love*	15 000 000
1994 : *Céline Dion à l'Olympia*	800 000
1995 : *D'Eux — The French Album*	6 500 000
1996 : *Falling Into You*	21 000 000
1996 : *Live à Paris*	2 500 000

SES SITES INTERNET

— Passion Céline Dion : http ://www.céline-dion.com/
— Sony Music Canada (site officiel en anglais) : http ://www.music.sony.com/Music/ArtistInfo/CelineDion/
— Sony – France (en français) : http ://www.sonymusic.fr.Céline/
— Nickels : http ://www.nickels.ca
— Groupe de discussion via Usenet : alt.music.celine-dion
— Groupe de discussion via DalNet : http ://www.geocities.com/sunsetStrip/9596/

Pour contacter Céline Dion :

— CELINE DION INTERNATIONAL FAN-CLUB
— P.O. Box 551
— Don Mills, Ontario
— Canada
— M3C 2T6

— PRODUCTIONS FEELING INC.
— 4, Place Laval, Suite 500
— Laval, Québec
— Canada
— H7N 5Y3

CÉLINE DION : LES GRANDES DATES DE SA CARRIERE

1981
Québec : — Rencontre avec René Angélil
— Sortie du premier single *Ce n'était qu'un rêve* écrit par sa mère et son frère Jacques
— Sortie du premier album *La Voix du bon Dieu* produit par René Angélil
— Sortie du deuxième album *Céline Dion chante Noël*

1982
France : — Sortie du premier single *Ce n'était qu'un rêve*
— Sortie du deuxième single *D'amour ou d'amitié* produit par Eddy Marnay et Claude Pascal
— Disque d'or SNEP
— Premier voyage promotionnel à Paris en juillet
— Première émission de TV *Champs-Élysées* de Michel Drucker
Québec : — Sortie du troisième album *Tellement j'ai d'amour pour toi*

Autres pays : — Premier voyage à Tokyo en octobre. Médaille d'or au 13e festival Yamaha avec *Tellement j'ai d'amour pour toi*

1983
France : — MIDEM à Cannes
— Sortie du troisième single *Mon ami m'a quittée*
— Sortie du premier album *Du soleil au cœur*
Québec : — Gala sur la Place des Arts à Montréal
— Sortie du quatrième album *Les Chemins de ma maison*
— Récompenses : quatre premiers Félix (l'équivalent des Victoires de la musique)
— Sortie du cinquième album *Chants et contes de Noël*
Autres pays : — Sortie en Allemagne de *D'amour ou d'amitié* et *Mon ami m'a quittée* en allemand
— Sortie du single *Mon ami m'a quittée* aux Pays-Bas

1984
France : — Sortie du quatrième single *Mon rêve de toujours*
— Olympia en première partie de Patrick Sébastien en novembre
— Sortie d'un deuxième album *Les Oiseaux du bonheur*
Québec : — Tournée
— Gala devant le pape
— Sortie du sixième album *Mélanie*
— Récompenses : 2 Félix

1985
France : — Sortie du cinquième single *C'est pour vivre*
Québec : — Sortie d'un septième album *C'est pour toi*
— Participation à l'album de Claudette Dion *Hymnes à l'amour*, duo *Vois comme c'est beau*
— Participation à l'album pour l'Éthiopie *Les Yeux de la faim*
— Participation à la B.O.F. *Opération beurre de pinotte*

— Récompenses : 5 Félix

1986
France : — Sortie du sixième single *Billy*
Québec : — Retrait de la scène pendant dix-huit mois pour changer de look et apprendre l'anglais

1987
France : — Sortie du septième single *Je ne veux pas* signé Romano Musumarra (dernier disque distribué par Pathé)
— Sortie du huitième single *La Religieuse* (premier disque distribué par Carrère)
Québec : — Sortie d'un huitième album, *Incognito* signé Eddy Marnay, Luc Plamondon et Daniel Lavoie

1988
France : — Sortie du neuvième single *Ne partez pas sans moi*
— Sortie d'une première compilation, *The Best of*
— Sortie du troisième album *Incognito*
Québec : — Récompenses : 4 Félix
Autres pays : — Victoire à l'Eurovision avec *Ne partez pas sans moi*

1989
Québec : — Participation à l'album *Spell Bound* de Billy Newton-Davis avec *Can't Live With You*
— Participation à l'album *Real Love* de Dan Hill avec *Wishful Thinking*

1990
France : — Sortie chez CBS du premier single en anglais *Unison*
Québec : — Sortie du premier album en anglais *Unison*

— Récompenses : 2 Juno Awards
USA : — Sortie du premier album en anglais *Unison* classé n° 34 du Hot 200

1991
France : — Sortie en mai de l'album *Des mots qui sonnent* avec *Ziggy* classé n° 10 au Top 30
Québec : — Gala à Ottawa devant le Prince Charles et Lady Di
— Tournage de la mini-série *Des fleurs sur la neige*
— Sortie de l'album *Dion chante Plamondon*
USA : — Participation à l'opération *Voices That Care* avec Michael Bolton, les Pointer Sisters, Bobby Brown
— Participation à la B.O.F. *Beauty and the Beast*

1992
France : — Sortie du deuxième album en anglais *Celine Dion*
— Participation à la comédie musicale *Tycoon* (version anglaise de *Starmania*)
— Gala à Monte-Carlo pour les 4e World Music Awards
— Récompense : World Music Award
Québec : — Sortie le 30 mars (jour de ses 24 ans) du deuxième album en anglais *Celine Dion*
USA : — Sortie de l'album *Celine Dion*
— Gala à la soirée des Oscars de Hollywood le 30 mars
— Récompense : Oscar de la meilleure B.O.F. avec *Beauty and the Beast*
— Première tournée avec Michael Bolton

1993
France : — Sortie du troisième album en anglais *The Colour of my Love* en novembre
— Disque de platine

Québec : — Sortie du deuxième album en anglais *Celine Dion*
— Décès de sa nièce Karine atteinte de fibrose kystique
USA : — Participation à la B.O.F. *Sleepness Nights in Seattle*
— Gala en janvier à la Maison Blanche pour l'investiture de Bill Clinton
— Sortie du troisième album en anglais *The Colour of my Love*
— Récompense : Grammy Award pour *Beauty and the Beast*, le premier obtenu par une Canadienne

1994
France : — Sortie de la compilation *Les Premières Années* chez Sony
— Olympia en septembre
— Sortie du *Live à l'Olympia*
— Sortie du single *The Power of Love*
— Participation aux « Enfoirés au Grand Rex »
Québec : — Tournée
— Mariage le 17 décembre avec René Angélil
USA : — Sortie du single *The Power of Love* classé n° 1 pendant deux semaines
— Deuxième tournée avec Michael Bolton
— Gala avec Michael Jackson pour la soirée *Jackson Family Honours*

1995
France : — Sortie en avril de l'album *D'Eux*
— Double disque de diamant (plus de 2,5 millions de disques vendus)
— 4 Zénith en octobre, 1 Zénith et 1 Bercy en décembre
Québec : — Sortie de l'album *D'Eux*
USA : — Sortie du *French Album (D'Eux)*

1996
France : — Gala au MIDEM à Cannes
— 2 Bercy + Marseille + Lyon
— Participation à la soirée du 10ᵉ anniversaire des Restos du Cœur
— 2 Victoires de la musique
— Sortie du quatrième album en anglais *Falling Into You*
— Tournée de 15 dates en septembre-octobre dont 3 Bercy
Québec : — Sortie du quatrième album en anglais *Falling Into You*
USA : — Sortie du quatrième album en anglais *Falling Into You*

1997
France : — 3 World Music Award (Monte-Carlo) pour la meilleure interprète pop de l'année, pour l'artiste canadienne ayant réussi les meilleures ventes de disques, pour l'artiste, toutes catégories, ayant vendu le plus de disques au monde.
USA : — Grammy pour l'album de l'année *Falling Into You*
— Grammy pour l'album pop de l'année *Falling Into You*

Bibliographie

Thérèse et Adhémar Dion, une vie à s'aimer, par Pierre Plante, les éditions 7 Jours, 1995, 191 p.

Le Guide de la chanson québécoise, par Robert Giroux, Constance Havard, Rock Lapalme, les éditions Triptyque, 1996, 225 p.

L'Encyclopédie de la musique au Canada, par Helmut Kallmann, Gilles Potvin et Kenneth Winters, Fidès, 1993 (seconde édition en 3 vol.), 3865 p.

Oracles, le guide de votre présent et de votre avenir, par Didier Blau, Éditions Jean-Claude Lattès, 1990, 300 p.

Remerciements

L'auteur tient à remercier Corinne Laborde, Jean-Claude Perrier, Eddy Marnay, Linda et Paul Dion, Jean-Jacques Souplet, Monique le Marcis, Christian Eudeline, Charles-André Marchand, Michel Dolbecq, Isabelle Tournier, Didier Blau, Fabrice Maze, Jeanne Lebeau, sœur Liette Lessard, Céline Dostaler, Lucie Pelchat, Jeanine Sirois, Pierre Lefèbvre, ses parents, Jean et Thérèse Lefèbvre, René Després, Monseigneur Poirier, Normand Leblanc, Philippe Baudry, Pascal Hainaut, Sylvain Beauregard, Gaston Poirier, sans qui ce livre n'aurait pu se faire.

Remerciements

[illegible]

TABLE DES MATIÈRES

Impression réalisée sur CAMERON par
BRODARD ET TAUPIN
La Flèche
en décembre 1997

Imprimé en France
Dépôt légal : décembre 1997
N° d'édition : 97199 – N° d'impression : 1971T-5